探索与发现·奥秘

TANSUO YU FAXIAN · AOMI

SHIJIE DILI WEIJIE ZHIMI

U0670145

世界地理
未解之谜

李华金◎主编

时代出版传媒股份有限公司
安徽美术出版社
全国百佳图书出版单位

图书在版编目（CIP）数据

世界地理未解之谜/李华金主编．—合肥：安徽美术出版社，
2013.3（2025.1重印）

（探索与发现．奥秘）

ISBN 978－7－5398－4272－1

Ⅰ.①世… Ⅱ.①李… Ⅲ.①地理－青年读物②地理
少年读物 Ⅳ.①P315.4－49

中国版本图书馆 CIP 数据核字（2013）第 044135 号

探索与发现·奥秘
世界地理未解之谜
李华金 主编

出 版 人：王训海

责任编辑：倪雯莹

责任校对：张婷婷

封面设计：三棵树设计工作组

版式设计：李 超

责任印制：欧阳卫东

出版发行：时代出版传媒股份有限公司

安徽美术出版社 （http://www.ahmscbs.com）

地 址：合肥市政务文化新区翡翠路 1118 号出版传媒广场 14 层

邮 编：230071

销售热线：0551-63533604 0551-63533607

印 制：三河市人民印务有限公司

开 本：787 mm×1092 mm 1/16 印 张：14

版(印)次：2013 年 4 月第 1 版 2025 年 1 月第 4 次印刷

书 号：ISBN 978－7－5398－4272－1

定 价：49.80 元

{P}REFACE

前言 ▶

世界地理未解之谜

地理是研究地球表面的地理环境中各种自然现象和人文现象，以及它们之间相互关系的科学。

从人类诞生的那时起，人类就开始了对地理的探索。面对着茫茫大地、水天一色的海洋、水波浩淼的湖泊等众多的地貌，人类感到了地理的神秘。于是，他们不断地追问"是谁创造了这个丰富多彩的世界？这个丰富多彩的世界到底隐藏了多少秘密……"

由于当时的科学极不发达，很多诸如此类的问题没有得到科学的回答。随着科技和生产力的发展，人们逐渐尝试用科学的方法来揭开地理的秘密。于是，人类在孜孜不倦的探索中逐步认识了地理。但是地理包含了太多的秘密，每当科学家们经过艰辛的努力解开一个秘密之时，更多的秘密就产生了。所以，至今为止，人类也没能全面地认识和了解地理。我们的世界中还存在许许多多的地理未解之谜。

为满足读者好奇的心理，同时也为了普及科学知识，更为了激发读者探索新知的欲望，我们精心编撰了这本《世界地理未解之谜》以飨读者。

本书涉及的内容包括神秘的史前文明、大地之谜、神秘莫测的海洋、稀奇古怪的湖泊、扑朔迷离的岛屿、千古惊诧的巨石阵、不可思议的墓葬、奇异难解的地理现象等。

　　本书体例简明，文字精练，版式新颖，插图精美。这些元素有机结合，全方位地把要描述的内容展现了出来。

　　我们期待着广大读者能够在阅读本书的过程中开阔视野、启迪心智，学会用科学的方法来探索未知世界的秘密！也许今天的"未解之谜"，在不久的将来就会在你的探索下大白于天下！

C ONTENTS

神秘莫测的海洋

稀奇古怪的湖泊

神秘的史前文明

　　史前文明指在人类文明之前在地球上曾经存在过的人类文明。没有科学证据表明，这些文明古迹属于人类所创造。确实，许多史前文明古迹我们现在人类技术还无法达到。史前文明给人类留下了诸多的谜团。对此，一些科学家认为有两种解释：一是外星人访问地球所留下的痕迹；二是20亿年前地球上存在过高级文明生物，但不幸毁灭于一场灾难或巨大的自然灾害。

诺亚方舟

诺亚方舟是一个引人入胜的传说。据说，由于偷吃禁果，亚当、夏娃被逐出伊甸园。此后，他们来到地面，繁衍了一代又一代，人布满大地，但罪恶也充斥人间。人世间充满着强暴、仇恨和嫉妒。上帝看到人类的种种罪恶，愤怒万分，决定用洪水毁灭这个已经败坏的世界。但心地善良正直的诺亚特别受恩宠于上帝，所以上帝告诉他："在这块土地上，恶行太过了，我决心毁掉所有的人。我要使洪水泛滥地上，毁灭天下。不过只有你和善，我决定救助你和你的妻子以及你的孩子和他们的妻子。你要用木头造一只大船，完成之后，要把你的家族，还要把所有的动物分成雌雄一对，都放到方舟上去，一切准备妥善，我就让雨不停地下40个昼夜，毁掉地上所有的生物。"

上帝要求诺亚用歌斐木建造方舟，并把方舟的规格和制造方法传授给诺亚。此后，诺亚一边赶造方舟，一边劝告世人悔改其行为。诺亚在独立无援的情况下，花了整整120年时间终于造成了一只庞大的方舟，并听从上帝的话，把全家八口搬了进去，各种飞禽走兽也一对对赶来，有条不紊地进入方舟。7天后，洪水自天而降，一连下了40个昼夜，人群和动植物全部陷入没顶之灾。除诺亚一家人以外，亚当和夏娃的其他后代都被洪水吞没了，连世界上最高的山峰都低于水面7米。

上帝顾念诺亚和方舟中的飞禽走兽，便下令止雨兴风，风吹着水，水势渐渐地消退。诺亚方舟停靠在亚拉腊山边。又过了几十天，诺亚打开方舟的窗户，放出一只乌鸦去探听消息，但乌鸦一去不回。诺亚又把一只鸽子放出去，要它去看看地上的水退了没有。由于遍地是水，鸽子找不到落脚之处，又飞回方舟。7天之后，诺亚又把鸽子放出去，黄昏时分，鸽子飞回来了，嘴里衔着橄榄叶，很明显是从树上啄下来的。诺亚由此判断，地上的水已经消退。后来，人们就用鸽子和橄榄枝来象征和平。于是，诺亚带着一切活物走出方舟，回到地面，重建家园。上帝告诫说："你们要生育繁殖，遍布大地，切不可作恶，凡流人血的，他的血也必被人所流……"

广角镜

橄榄

　　橄榄又名青果，是一种常绿乔木，因果实尚呈青绿色时即可供鲜食而得名。橄榄果富含钙质和维生素 C，于人有大益。橄榄栽培 7 年才挂果，果实成熟期一般在每年 10 月左右。新橄榄树开始结果很少，每棵仅生产几千克，25 年后产量才显著增加，多者可达 500 多千克。

　　诺亚大洪水的故事是距今 6000 年左右的传说，不仅在《旧约全书》里有清楚记载，被称为世界上最古老的图书馆——古代亚述首都尼尼微的文库中发掘出来的泥板文书上，也有着类似的洪水故事的记载。虽然是个传说，但很多年以来，许多国家的考古学家都希望揭开这个千古之谜。早在 17 世纪，荷兰人托依斯就写过一本《我找到诺亚方舟》的书，并附有方舟的插图。18 世纪也有一些人声称他们看见过方舟。

　　如果他们的所见真实，那么在哪里可以看到方舟呢？位于土耳其东端靠近伊朗的地方，有座海拔 5065 米的死火山，山顶自古就被冰川覆盖着，名叫亚拉腊山。传说诺亚方舟就在这个山顶。不过，住在这个地方的阿尔明尼亚人把这座山尊崇为神圣的山，相信人若登上山顶会被上帝惩罚。长期以来，谁也没有爬过它。但这个谜最终还是被登山队员所破解。1792 年，一个叫弗利德里希·帕罗德的爱沙尼亚登山家，初次在亚拉腊山登顶成功。随后，在 1850 年，盖尔奇科上校率领的土耳其测量队也登上了顶峰。1876 年，英国贵族詹姆斯·伯拉伊斯在亚拉腊山高约 4500 米的岩石地带，捡到了木片，并发表了他找到方舟残迹的消息。

　　1916 年俄国飞行员拉特米飞越亚拉腊山时，发现山头有一团青蓝色的东西，好奇心促使他飞回去又仔细地看了看，结果他惊讶地发现了一艘房子般大的船，一侧还有门，其中一扇已毁坏。他很快就把这个奇遇报告给沙皇尼古拉二世，沙皇当时曾命令组织一支探险队，前去探个究竟。但是由于十月革命的爆发，这项计划便搁置起来。

　　第二次世界大战后，一位土耳其飞行员在这里拍下了一张方舟照片。从此，方舟不再是人们口头的传闻，而是有了照片的实物。更令人吃惊的是：照片放大处理后，测出船身为 150 米长，50 米宽，和传说中的方舟相近。

1945 年，美国的阿仑·史密斯博士组织了亚拉腊山远征队，以探寻诺亚方舟为目标，可是未能达到目的。1952 年，法国的琼·多·利克极地探险家又组织了探查队，并成功地登上了亚拉腊山顶，然而关于诺亚方舟则什么也没有发现。可是，当时的一个叫费尔南的队员却不死心，他下定决心要找到方舟。1953 年 7 月，他带上了 11 岁的小儿子拉法埃尔，第三次登上了亚拉腊山峰顶，并且如愿以偿地发现了"诺亚方舟"的残片。他们从冰川中挖出了它的一部分，并带回

你知道吗

^{14}C 可以测定古代遗存年龄

宇宙射线在大气中能够产生放射性 ^{14}C，并能与氧结合成二氧化碳后进入所有活组织，先为植物吸收，后为动物纳入。只要植物或动物生存着，它们就会持续不断地吸收 ^{14}C，在有机体内保持一定的水平。而当有机体死亡后，即会停止呼吸 ^{14}C，其组织内的 ^{14}C 便以 5730 年的半衰期开始衰变并逐渐消失。对于任何含碳物质，只要测定剩下的放射性 ^{14}C 的含量，就可推断其年代。

了一块木板。这块古木板后来寄送到西班牙、法国、埃及等国家的研究所，进行了科学的研究。研究的结果证明，这是一块经过特殊防腐涂料处理过的木板。经 ^{14}C 测定它至少有 4480 年的历史，正是所传方舟建造的年代。

人们惊呆了，又有照片，又有实物，费尔南坚信自己发现的就是诺亚方舟。后来，他根据这些探查结果，写了一本书名叫《我发现了诺亚方舟》，于 1956 年出版。他还在全世界到处举行报告会，引起了强烈反响。

但有人提出了质疑：首先是地质学家从未发现全球性大洪水的证据，就算发生过诺亚时期的大洪水，1.25 亿年前冰封的地区总该有被水改变过的迹象，可它们依然如故。不管海拔多少，那些外露的冰川断层仍保持原始状态。况且，洪水水位也不至于会升到 5000 米的高度，方舟又怎能处在亚拉腊山之巅？

美国卡佐和斯各特提出，从科学观点来看，历史上有人见过诺亚方舟的说法是无说服力的。如果方舟在 5000 年前就被搁置在亚拉腊山的山顶附近，那它很可能早就被冰川运动转移到了较低的高地。方舟至少在某种程度上已

支离破碎，木头撒遍了亚拉腊山的较低山坡。可是就我们所知，从来也没人找到过这样大宗的木头，更不用说方舟的残骸了。而飞行员们提供的方舟照片显然都是模糊不清的，真实性让人质疑。

也许我们可以设想出5000年前在美索不达米亚地区发生的一场大洪水，诺亚家族预见到当地的江河有泛滥的征兆，于是他们造了一只船，贮藏了足够的物资，出于情感，给牲畜留出了舱位。那场洪水使生命财产损失浩大，数天之后，那只船搁浅在某一高地或丘陵上。随着时间的消逝，这件大事的传说就作为家喻户晓的诺亚方舟故事而流传了下来。

还有一种说法，认为方舟搁浅在亚拉腊山脉面向黑海的一个山坡上，而且很可能因为黑海水位暴涨而沉入黑海海底。

那么，历史上是否存在诺亚方舟呢？如果存在的话，它在哪里呢？是在亚拉腊山，还是黑海海底呢？这都还有待于探险者和考古工作者的研究。我们期待着这个千古之谜可以早日揭开。

◤ 撒哈拉沙漠壁画

撒哈拉沙漠是世界上第一大沙漠，气候炎热干燥。然而，令现代人迷惑不解的是，在这极端干旱缺水、土地龟裂、植物稀少的旷地，竟然曾经有过高度繁荣昌盛的远古文明。沙漠上许多绚丽多姿的大型壁画，就是这远古文明的结晶。今天人们不仅对这些壁画的绘制年代难以考证，而且对壁画中那些奇形怪状的现象也茫然无知，成为人类文明史上的一个谜。

知识小链接

壁画

壁画是人类历史上最早的绘画形式之一，即人们直接画在墙面上的画。原始人在洞壁上刻画各种图形，用来记事，成为最早的壁画。我国古代壁画主要有三种形式：古代墓室壁画；古代石窟寺壁画；古代寺观壁画。

1850年，德国探险家巴尔斯来到撒哈拉沙漠进行考察，无意中发现岩壁上刻有鸵鸟、水牛及各式各样的人物像。1933年，法国骑兵队来到撒哈拉沙漠，偶然在沙漠中部塔西利台、恩阿哲尔高原上发现了长达数千米的壁画群，全绘在受水侵蚀而形成的岩石上，五颜六色、色彩雅致，刻画出了远古人类生活的情景。此后，世人注意力转到撒哈拉沙漠。欧美一些国家的考古学家纷至沓来。1956年，亨利·罗特率领法国探险队在撒哈拉沙漠发现了1万件壁画。第二年，将总面积约1080平方米的壁画复制品和照片带回巴黎，一时成为轰动世界的奇闻。

撒哈拉沙漠

广角镜

页岩

页岩成分复杂，但都具有薄页状或薄片层状的节理，主要是由黏土沉积经压力和温度形成的岩石，但其中混杂有石英、长石的碎屑以及其他化学物质。

在壁画上还有撒哈拉文字和提裴那古文字，说明当时的文化已发展到相当高的水平。壁画的表现形式或手法相当复杂，内容丰富多彩。从笔画来看，较粗犷朴实，所用颜料是不同的岩石和泥土，如红色的氧化铁、白色的高岭土，赭色、绿色或蓝色的页岩等。制造过程应该是把台地上的红岩石磨成粉末，加水作颜料绘制而成的，由于颜料水分充分地渗入岩壁内，与岩壁的长久接触而引起了化学性质变化，融为一体，因而画面的鲜明度能保持很长时间，几千年来，经过风吹日晒而颜色至今仍鲜艳夺目。这是一种颇为奇特的现象。

在壁画上有很多人是雄壮的武士，表现出一种凛然不可侵犯的威武神态。他们有的手持长矛、圆盾、乘坐在战车上迅猛飞驰，表现出征场面；有的手持弓箭，表现狩猎场面。还有重叠的女像，嬉笑欢闹的场面。在壁画人像中，有些身缠腰布，头戴小帽；有些人不带武器，像是敲击乐器的样子；有些似作献物状，像是欢迎"天神"降临的样子；有些人像作翩翩起舞的姿势。从画面上看，舞蹈、狩猎、祭祀是当时人们生活和风俗习惯的重要内容。很可能当时人们喜欢在战斗、狩猎、舞蹈和祭祀前后作画于岩壁上，借以表达他们对生活的热爱。

壁画群中动物形象颇多，千姿百态，各具特色。动物受惊后四蹄腾空、势若飞行、到处狂奔的紧张场面，形象栩栩如生，创作技艺非常卓越，可以与同时代的任何国家杰出的壁画艺术作品相媲美。从这些动物图像可以相当可靠地推想出古代撒哈拉沙漠地区的自然风貌。如一些壁画上有人划着独木舟捕猎河马，这说明撒哈拉沙漠曾有过水

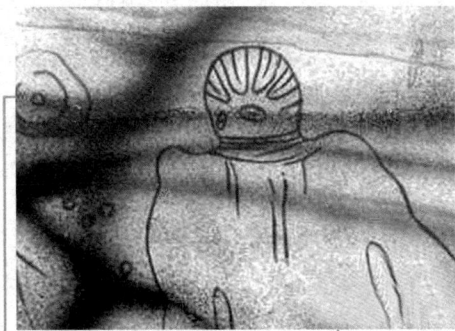

撒哈拉沙漠壁画

流不绝的江河。值得注意的是，壁画上的动物在出现时间上有先有后，从最古老的水牛到鸵鸟、大象、羚羊、长颈鹿等草原动物，说明撒哈拉沙漠地区气候越来越干旱。

那么，在今天极端干燥的撒哈拉沙漠中，为什么会出现如此丰富多彩的古代艺术品呢？有些学者认为，要解开这个谜，就必须立足于考察非洲远古气候的变化。据考证，距今 3000～4000 年前，撒哈拉不是沙漠而是湖泊和草原。6000 多年前，曾是高温和多雨期，多种植物在这里繁殖起来。只是到公元前 300～前 200 年，气候变化，昔日的大草原终于才变成沙漠。是谁在什么年代创造出这些硕大无比、气势磅礴的壁画群？刻制巨画又为了什么？

尤其令人不解的是，在思阿哲尔高原曾发现一幅壁画，画中人都戴着奇特的头盔，其外形很像现代宇航员的头盔。为什么头上要罩个圆圆的头盔，这些画中人为什么穿着那么厚重笨拙的服饰？

说来也巧，美国宇航局对日本陶古的研究结果，竟然意外地披露了一些

撒哈拉沙漠壁画的天机。

日本陶古，是在日本发现的一种陶制小人雕像。这些陶古曾被许多历史学家认定为古代日本妇女的雕像。可是经过美国宇航局科研人员鉴定，认为这些陶古是一些穿着宇航服的宇航员。这些宇航员不但有呼吸过滤器，而且有由于充气而膨胀起来的裤子。科学工作者的这个鉴定结果，除来自对陶古的认真研究外，还把一段神话传说作为参考的依据。日本古代有个奇妙的关于"天子降临"的传说。有趣的是，恰恰在这个传说出现 100 年后，日本有了陶古。人们有理由认为，传说中的"天子"，也许正是外太空来的客人，而陶古恰恰是日本人民对这些"天子"宇航员们的肖像雕塑。假若日本陶古真的是宇航员，那么，撒哈拉沙漠壁画中那些十分相似的服饰，为什么不可能是天外来客的另一遗迹呢！

我们是无神论者。然而，上述种种证据，又确实是我们地球人目前难以测知的实体。我们把超于人力的一切称之为神，那是因为我们认为外太空的生命有可能曾经在我们地球上留驻过，正像我们在月球和火星上曾留下地球人的标志一样。这两者的区别，仅在于月球和火星上没有能够识别地球标志的生命而已。如果真有太空人，我们愿意把外太空生命留下的痕迹称之为神迹，那是因为这些痕迹给我们提供了许多值得探究的课题，给人类留下了许多难解之谜。

米兰壁画

米兰壁画

在中国新疆，有一个名叫"米兰"的古城，它曾经有过辉煌的文明。然而，随着历史的变迁，它在沙漠中只留下一些让人唏嘘不已的残垣断壁。直到 1907 年新年伊始，英国探险家斯坦因在米兰遗址惊喜地发现了"从未报道过、完全出乎意外"的精美壁画。

拓展阅读

玄奘取经

玄奘（602—664），汉传佛教史上最伟大的译经师之一；俗姓陈，名祎，出生于河南洛阳洛州缑氏县（今河南偃师），出家后遍访佛教名师，至天竺学习佛教。贞观十九年（645 年）回到长安（今西安），所译佛经，多用直译，笔法谨严，为研究印度以及中亚等地古代历史、地理的重要资料。

他后来记述说，在去米兰的路上他感到前所未有的神秘和荒凉，其神秘就在于它与世隔绝，数个世纪以来从来无人打扰。更使他感兴趣的是，他在米兰挖掘出一堆沙海古卷——藏文书，这些文书是"从守卫着玄奘和马可·波罗都走过的去沙洲的路上的古戍堡里出土的"。他从一座破坏严重的寺院里，找到了不止一个完好的涂着垩粉的雕塑头像，在同一寺院里他还挖掘出 3 世纪以前的贝叶书，他简直欣喜若狂了。这一口气挖掘出的一件又一件稀世珍宝，足以使斯坦因富甲天下了。然而，他做梦也没有想到，更大的幸运正雪花般向他飞来。

一天，他来到了一座凋残的大佛寺，在长方形的基座走廊上，发现了一个呈穹顶的圆形建筑。进而，他意想不到地看见了美丽的壁画。那带翼天使的头像，其东方色彩明显不如其他壁画那么突出，完全是希腊罗马风格。他叙述道："在我看来，这幅壁画的整体构思和眼睛的表现，纯粹是西方式的。残存的带有佉卢文题记的裤文绸带，准确地说明，这里的寺院废弃于 3 ~ 4 世纪。"斯坦因认为这些壁画明显带有古罗马的艺术风格，在他看来，这些带翼的天使是从欧洲的古罗马"飞"到东方古国的。这个说法无疑引来中外学者的激烈争论。

斯坦因还找到一组欢乐的男女青年群像，"看起来是希腊罗马式的，这是一幅多么好的中国边疆佛教寺院里喜悦生活的画面！"他还以调皮的语调描述了这组画面："这些漂亮的女郎从哪里得到的玫瑰花冠？这些男青年哪来的酒碗？这一切奇怪现象仿佛是用魔法在卡尔顿周围创造出了沙漠和滚滚沙丘，而这一伙迟到的饮宴者正在为之惊奇。"这组画面上还出现了列队行进的大象、4辆马车和骑在马背上的王子等，在造型上酷似印度艺术，但也充满了对希腊罗马古典艺术的效仿。佉卢文题记表明，这些画与尼雅卷子属于同一时代。

斯坦因特别为"带翼天使"的发现而激动。他写道："这真是伟大的发现！世界上最早的安琪儿在这里找到了。她们大概在2000年前就飞到中国来了。"米兰壁画是新疆境内保存的最古老的壁画之一，这里的"带翼天使"可以说是古罗马艺术向东方传播的最远点。斯坦因的发现，轰动了欧洲文化界和考古界，米兰从此不再是一个陌生的名字，而成了世人争睹风采的所在。

在以后的时期里，考古工作者又在米兰佛寺遗址发现了两幅并列的"带翼天使"。天使像为半身白地，以黑线勾镂轮廓，身体涂红色。此画位于回廊圆形建筑内壁近底部，上面有一条黑色分栏线，在这条线的右端上部有一黑红色莲花座，显示出回廊内壁绘画与雕塑的整体装饰结构。这两幅并列的"带翼天使"壁画，参照斯坦因的观点进行分析，可以看出，它们体现了希腊

广角镜

贝叶书

在古代的印度，人们将圣人的事迹和思想用铁笔记录在象征光明的贝多罗树叶上，而佛教徒也将最圣洁、最有智慧的经文刻写在贝多罗树叶上，后来人们将这种刻写在贝多罗树叶上的文字装订成册，称为"贝叶书"。传说贝叶书虽历经千年，其文字仍清晰如初，而其所拥有的智慧是可以流传百世的。

罗马艺术作品的美学追求。罗马艺术家使用灰泥塑成主体的块状，完全可以在护墙的内壁上运用阴阳明暗对比和渲染手法，使富有立体感的人物形象跃然壁上。壁画上天使的眼睛是完全睁开的，双眸明亮，眉毛细长，唇微合，双翅扬起，表现了追求天国生活的自信与博爱精神。这种形式迥然不同于佛教绘画准则，而更贴近古罗马艺术的美学特点。

反对斯坦因这种说法的人也为数不少，比如中国学者阎文儒对上述观点就持反对态度，认为斯坦因"抱有偏见"，因而给予猛烈抨击。阎文儒说，斯坦因不仅抱有偏见，调查研究也不深入，他对丹丹乌里克、若羌磨朗寺院遗址中发现的佛教壁画，有的说法牵强附会，有的将西方的古代神话强加到佛

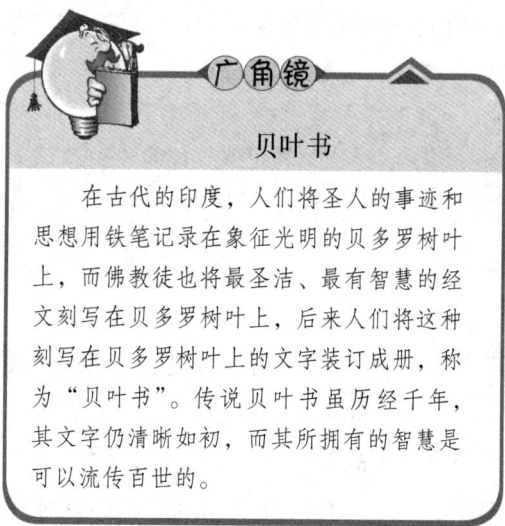

教艺术的题材中，以致混淆了许多观念。阎文儒还认为，斯坦因把丹丹乌里克两个木板画解释为《鼠王神像》和《传丝公主》是完全错误的，是对佛教不熟悉所致。对于"带翼天使"不是 3 ~ 4 世纪的作品，而是唐代风格之说，他认为斯坦因将绘画时代上推，是为了把这些壁画题材附会到希腊神话上去。关于"带翼天使"神像的题材，应从佛教艺术中去寻找，因为"带翼天使"神像不仅在巴基斯坦、西亚发现过，在克孜尔、库木吐拉、森木塞木等早期石窟中甚至敦煌莫高窟唐朝以后壁画中，也多有表现。因此，把它说成是希腊罗马式美术作品，是根本行不通的。

广角镜

莫高窟

莫高窟俗称千佛洞，被誉为 20 世纪最有价值的文化发现之一，坐落在河西走廊西端的敦煌，以精美的壁画和塑像闻名于世。它始建于十六国的前秦时期，经十六国、北朝、隋、唐、五代、西夏、元等历代的兴建，形成巨大的规模，是世界上现存规模最大、内容最丰富的佛教艺术圣地之一。

　　仁者见仁，智者见智，争论在所难免。米兰壁画上的"带翼天使"究竟从何处而来，还有待深入探索，予以破解。

▶ 非洲岩画

　　撒哈拉沙漠位于非洲北部。自从有人类文字记载的历史以来，提起撒哈拉沙漠就会联想到大地龟裂，人兽困在飞沙走石之中，饱受日晒干渴而死的惨状，令人望而生畏。公元前 430 年，希腊著名史学家希罗多德最先提到撒哈拉，他描述那是干旱无水，不宜人类居住的一片大漠。时至今日，历史又前进了 2000 多年，撒哈拉沙漠还是世界上最大最荒凉的沙漠，没有任何改变。

　　但是随着近代地质学家、考古学家连年不断地对这片大漠进行探险、考察与研究，人们发现撒哈拉沙漠并非自古就是不毛之地。在 8000 多年以前，这里曾是遍地牛羊，肥沃的草原。同时远在史前时代，撒哈拉沙漠就早已有人类居住。其最有力最明显的证据就是在该地区洞穴中或岩石上数以千计的古代图画，尤其以恩阿哲尔高原最多。可以说，撒哈拉沙漠是世界上岩石画最多的地方。它一再证明了撒哈拉沙漠曾出现过高度繁荣的远古文明。

撒哈拉沙漠的岩石画绘制得美妙绝伦。在恩阿哲尔洞中的壁画上，人们可以看到奔跑的长颈鹿、羚羊、水牛、鸵鸟和两头大象聚集在一起的精美画面。整幅壁画以明显的写实风格，向人们再现了距今4000~8000年前那些动物和人可能已在草原生活的场面。塔基迪多马坦的石壁上是一幅5500年前的岩石画，画面中可见牧人们忙碌的情景，一头水牛拴在小屋前，一头长角牛正从牧地回来，这栩栩如生的壁画令现代人如痴如醉，流连忘返。尤其是约8000年前刻于石壁上的羚羊，最为传神，它们是撒哈拉沙漠最古老的艺术珍宝。

知识小链接

岩 画

岩画是一种石刻文化。在人类社会早期发展进程中，人类祖先以石器作为工具，用粗犷、古朴、自然的方法——石刻，来描绘、记录他们的生产方式和生活内容。它是人类社会的早期文化现象，是人类先民们给后人的珍贵的文化遗产。

撒哈拉沙漠岩画

然而令人茫然不解的是，在5000多年前的岩石壁画中，却夹杂着一些非常现代的神秘人像。他们有的身穿精致的短上衣，有的戴着头盔，头盔上还有两个可供观察的小孔，头盔用一种按钮与躯干部服装连接。有人说，"显然这是一件宇航服"。在撒哈拉沙漠的塔希里山脉，有一些被称为"伟大玛斯神"的岩画，画中的人像戴着圆形的密封头盔，穿着连体的紧身衣，很像现代宇航员的样子。有的学者认为："这只能证明早在 7000 多年前，其他行星生物早已到过撒哈拉沙漠。"当这些笨头笨脑、装束奇怪的人像不是一幅，而是许多幅一再出现的时候，人们不得不感到震惊。考虑到撒哈拉沙漠岩画在具体风格上的写实性，很难想象这样的画面是史前人类的即兴之作。应该说，它是以某种生活原型为依据的。

非洲的另一处岩画——纳米比亚的布兰德山崖上的壁画也同样闻名于世。最引起世人轰动的，当属 1918 年德国人发现的一幅壁画，这幅画被命名为《布兰德山的白人贵妇》。据考证，这幅壁画绘于公元前 5000 年左右。令人无法理解的是，壁画上除了几个几乎裸体的土著黑人之外，竟然还有一位现代打扮的白人女郎。她肤色白皙，鼻梁高而且直，留着现代的发型，身穿短袖套衫和紧身裤，臀部包得

拓展思考

延续时间悠长的非洲岩画

非洲岩画遍布于阿尔及利亚、安哥拉、埃及、埃塞俄比亚、肯尼亚、利比亚、摩洛哥、莫桑比克、纳米比亚、索马里、南非、苏丹、坦桑尼亚、津巴布韦等国家和地区。非洲岩画虽然没有欧洲史前岩画古老，但却比大洋洲史前岩画流传得长久，时间在一万年以上，是世界上岩画延续时间最长的地区之一。

很紧，脚登吊袜带和靴子，手持莲花，发型与现代女郎完全相似，头发上、胳膊上、腿上和腰部还都装饰着珍珠。当著名考古学家艾贝希留尔经鉴定宣布它是 7000 多年前的真品时，人们的思维不得不再一次陷入时间和空间上的极大混乱之中。

人们知道，纳米比亚位于非洲大陆西南部，南回归线横贯该国，这里世世代代只有黑人居住，白色人种的欧洲人只是在 16 世纪才由葡萄牙人最早到达这里。即使是传说中的腓尼基人，也只可能在 2000 多年前乘船从这里驶过。那么，这个白人贵妇是怎么在 7000 多年前到这里来的？还有，据考证，人类穿衣服的历史不过 4600 多年，而纳米比亚的许多土著黑人直到如今还衣着很少。人们不禁要问：远古时代的非洲西南部黑人何以能够超越时空，准确无误地画出几千年后另一种族的人物形象及服饰呢？

人们常说，艺术是生活的反映。绘画作为艺术的一种，自然也不例外。生活在 7000 多年前的裸身的原始人也许会想到树叶和兽皮，但肯定不会想到紧身裤、吊袜带、连体服乃至密封的太空盔。如果说生活是艺术的依据，那么这些非洲岩画上人物形象的依据又是什么呢？真令人百思不得其解。

南美洲巨型图案

南美洲曾经是古代印加人的帝国，这里有灿烂的文明，同时也有非人力所能及的遗迹。这里有许多庞大的遗迹必须要在空中才能观看其全貌，的确是一个令人迷惑的谜团。

纳斯卡位于秘鲁纳斯卡市和帕尔帕市之间的山谷和附近的一片高地上，这座山谷长 60 千米，宽 2 千米。这里有许多奇妙的图案，图形有正方形、梯形、长方形、三角形，以及长度在 1～10 千米的巨型跑道，跑道完全笔直，科学家们的测量结果表明，8 千米长的跑道直线偏差只有 1～2 厘米。所有跑道两端都突然中断，仿佛被一柄巨大的斧头斩断一样。许多跑道的一端通向悬岩或深渊顶上，这使得有些人认为它们是道路。有些跑道的中途还发现了石头路标的残片，它们每隔 1.5 米等距离地排在跑道一侧。同时，在几条跑道的交会点上，构成一个与美国肯尼迪航天中心发射场极其相似的平面。机场的特点全都表现在这些巨大的图案中，另外，线条描绘的有别具风格的大花、几种其他植物、一只蜥蜴、一只秃鹰、一只蜘蛛和一只猴子。

纳斯卡引人注目的是巨大的机场图案。这些跑道被一些巨大的"之"字形曲线截断。在 4 条主要跑道的交会点。还有一个由许多同心圆构成的方位标志，标明第五条斜伸出去的跑道，该跑道两侧还有两条不太明显的平行跑道，很像大型机场的辅助跑道。那些石头路标则很像飞机起降时的地面航标。据测定，纳斯卡的地面跑道一条长 1700 米，宽 50 米。另一条跑道则构成 1500 米长的二面角平分面，它们坐落在机场的理想地点：一片相对平坦的干旱高地，地面到处是坚硬的石头，能够承载重量最大的飞机降落；而四周没有植被又不会妨碍导航和驾驶员的操作；机场的供水由今天已经干涸的纳斯卡河解决；主要跑道无明显的坎沟；周围没有高山与岗峦，不会给飞机降落造成危险，跑道本身也不易损坏，没有检修上的麻烦，当然这都是现代人的猜想。

考古学家认为，这些图案大约是在 2000 年前由纳斯卡人勾画的。但是这些巨大的图画是怎样完成的？由于它们的面积异常庞大，只有在 800 米的高空才能窥其全貌。可是当地周围既无高山也无丘陵，纳斯卡人不可能根据事先画好的图纸，按详细的尺寸在地面上进行放大，因为那里的地形非常不规则，如果采用放大的方法，就需要遥测仪、经纬仪和其他测量仪器才能准确地勾画出轮廓。

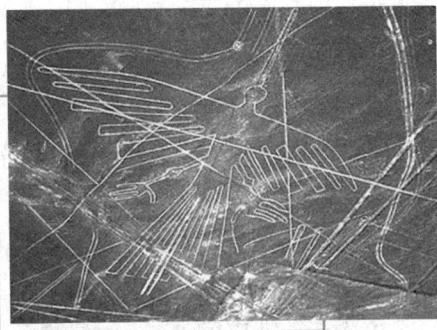

纳斯卡图案

知识小链接

经纬仪

经纬仪是测量水平角和竖直角的仪器。目前，最常用的是光学经纬仪。光学经纬仪的主要功能是测量纵、横轴线（中心线）以及垂直度的控制测量等。

瑞士人丹尼肯作了大胆的推测，他认为直线的观念是由地球以外的来客留给印第安人的，这些外来户所乘的飞船留下了许多轨迹，启发了土著的想象力。丹尼肯又指出，最早的轨迹是由一艘天外飞行器凭借着高压空气降落地面造成的，高压空气又把沙石吹掉。其他轨迹则是飞船每次离开造成的。印第安人看到的这两种图案，是飞船降落和起飞的轨迹，他们为了表示尊敬那些天上来的"冒火的神"，就开始勾画又长又直的图案，并加以保护和崇敬。

另一种观点认为，巨大的图案是在高空进行协调指挥的。美国探险家斯皮里尔持这种观点，他猜测古代纳斯卡人乘坐热气球飞上天空，设计地面上的图案。他猜测的依据是：古代纳斯卡人的陶器上常常有形如气球或风筝的图案，气球和风筝看起来飞得很高，尾部在飘扬；另外在图案附近的坟墓里挖出了工艺精巧的纳斯卡编织品，这种编织品甚至比近代用来制造热气球的合成材料还要轻，经过实验证明，它比用来制造降落伞的材料织得还要细密。在拉丁美洲的许多印第安人部落，自古就有一种习俗，每当宗教庆典结束时，都要放一些小热气球。斯皮里尔还了解到印第安人中印加人的传统，在战争中，有一个印加少年曾在敌人的阵地上空进行侦察飞行。经过以上的推断，他相信自己的说法站得住脚。另外，纳斯卡图案的许多直线末端的大圆阵内都有熏黑了的石头，从多次试验中可知，黑石头可能是因为准备大气球升空点火时熏黑的。

1975 年，斯皮里尔与一些同事为了检验自己的推断，只用推想中纳斯卡人所用的材料和技术制造了一个气球，命名为"秃鹰号"，然后由两名驾驶员蹲在一个芦苇造的吊篮里升上纳斯卡荒漠的高空。气球刚升到 200 米的高度，便遇上一股猛烈的气流，气球一下子被卷到地上。斯皮里尔又进行了第二次试飞，为了安全起见，气球没有载人。气球升空顺利，升到 400 米的高空，并在 18 分钟里飞行了 14 千米。"秃鹰 1 号"的飞行壮举，似乎证明了那些图案可能是利用空中的气球设计而成的，问题似乎解决了。

但是，"秃鹰 1 号"气球充的是丁烷气，没有能够飞行很长的时间，并且不能在空中固定。据估计，地面上的图案可能是有人长时间待在 500～1500 米上的高空指挥画出来的。飞行器要固定在空中的某个点上，以便能够对坐标进行精确的计算。这样的操作不可能从一个气球或风筝上完成，因为两者都不可能"系留"（任何拴系的绳索都经受不住），也不可能进行定点（当地经常突然刮起强风）。任何气球都不可能逆风飞行，不可能经常不断地、轻而易举地上升和下降，也不可能长时间停留在空中。因此，在风暴频繁出没的纳斯卡地区上空，如果气球停留时间过长就会发生事故，只有装有发动机和舵柄的飞行器才能完成此项任务。

退一步讲，假使气球解决了上述的全部问题，也还有两点是无法解释的：①他们进行测量时使用的器具；②在强风的呼啸中，如何向远在几千米的地面上的人传达方位坐标并指挥人们行动。

如何完成巨大图案是一疑问，这些图案的用途也是疑问。可以肯定的是：这些图案不是为了装饰地面，也不是陶制品图案的简单放大复制。有人说这些图案是当时人们制造的历法。但这样的历法真是太大了，在需要查阅时，只得采用繁琐的办法，冒着生命危险，乘坐气球升到百米高的天空。天空是危险的，可能会跌到地面摔得粉身碎骨，或被飓风吹到海洋中去，这无疑是一种危险的行为。历法是依据天象制定的，有人认为图案是为农业服务的，但是这样的历法在地面上看不清楚，而且它们的位置与人们猜想其所指的星座并不相符。那么，它们是外星人的遗物？当地的居民中流传说：他们的第一个王朝的建立者芒戈盖拉和他的妻子来自天上……他们死后都被送到天上，载运他们的尸体的气球在太阳的照耀下越升越高……

纳斯卡的图画越来越神秘，成为未解之谜。

◉▶ 20 亿年前的奥克洛原子反应堆是谁建造的

位于非洲中部的加蓬共和国，有个风景非常秀丽的地方——奥克洛。但是，奥克洛的闻名于世，并不是由于它的风光，而是由于它那神秘莫测的原子反应堆。

知识小链接

原子反应堆

原子反应堆又叫核反应堆或反应堆，是装配了核燃料以实现大规模可控制裂变链式反应的装置。

1972 年 6 月，奥克洛的铀矿石运到了法国的一家工厂。法国科学家对这些铀矿石进行了严格的科学测定，发现这些铀矿石中能直接作为核燃料的铀 235 的含量偏低，甚至低到不足 0.3%。而其他任何铀矿中铀 235 的含量理应是 0.73%。这种奇特的现象引起了科学家们的高度重视和关注。科学家们运用多种先进的技术手段和科学方法，努力寻找这些矿石中铀235含量偏低的原因。经过再三深入探讨和研究，科学家们十分惊奇地发现：这些铀矿石早已被燃烧过，早已被人用过。这一重大发现立即轰动了科学界。为了彻底查明事实真相，欧美一些国家的许多科学家纷纷前往奥克洛铀矿区，深入进行考察和研究。经过长时间的共同努力探索，断定在奥克洛有一个很古老的原子反应堆。这个原子反应堆由6个区域的大约500吨铀矿石组成，它的输出功率只有1000千瓦左右。据科学家们考证，该矿成矿年代大约在20亿年前，原子反应堆在成矿后不久就开始运转，运转时间长达50万年之久。面对这个20亿年前的设计科学、结构合理、保存完整的原子反应堆，科学家们瞠目结舌、百思不解。这个原子反应堆究竟是谁设计、建造和遗留下来的呢？这是一个令全世界科学家都无法揭晓的特大奇谜。由于这个奇迹出现于奥克洛铀矿区，因此，科学家们把它称为"奥克洛之谜"。

奥克洛原子反应堆

这个古老的原子反应堆是自然形成的吗？科学家们一致否定了这种可能性，因为自然界根本无法满足链式反应所具备的异常苛刻的技术条件。只有运用人工的科学方法使铀等重元素的原子核受中子轰击时，才能裂变成碎片，并再放出中子，这些中子再打入铀的原子核，再引起裂变——连续不断的核反应（链式反应），当原子核发生裂变或骤变反应时释放出大量的能量。原子反应堆是使铀等放射性元素的原子核裂变以取得原子能的装置。这种装置绝对不可能自然形成，只能按照严格的科学原理和程序，采用高度精密而先进的技术手段和设备，由科学家和专门技术工人来建造，只有用人工的方法使铀等通过链式反应或氢核通过热核反应聚合氦核的过程取得原子能。

既然如此，这个原子反应堆的建造者是谁呢？据研究，早在20亿年以前，地球上还只有真核细胞的藻类，人类还没有出现。到新生代第四纪更新世早期（距今300多万年前），才开始出现了早期的猿人。直到第二次世界大战末期，人类才制造了第一颗原子弹。1950 年，在美国爱达荷州荒漠中的一座实验室内，才第一次用原子能发电。1954 年，前苏联才建造了世界上第一座核电站。由此看来，距今 20 亿年前，在奥克洛铀矿区建造的原子反应堆，绝对不会是地球上的人类，而只能是天外来客。一些科学家推测，20 亿年前，外星人曾乘坐"原子动力宇宙飞船"来到地球上，选择了奥克洛铀矿区这个地方建造了原子反应堆，以原子裂变或聚变所释放的能量为能源动力。他们产生原子动力的主要设备为原子反应堆系统和发动机系统两大部分。反应堆是热源，介质在其中吸收裂变反应释出的能量使发动机做功而产生动力，为他们在地球上的活动提供能量。后来，他们离开了地球，返回了他们的故乡——遥远的外星球，于是在地球上留下了这座极古老而又神秘的原子反应堆。

原住在奥克洛铀矿区附近的主要有芳族、巴普努族等。在他们中间，流传着这样的神话传说：在遥远的古代，整个世界漆黑一团，没有人类，也没有任何生物，大地一片荒凉。突然一个神仙从天而降，来到奥克洛铀矿区地区，用矿石雕刻了两个石像，一男一女，"石像能放出耀眼的光芒"，使茫茫黑夜中出现了白昼。有一天，突然狂风怒吼，雷鸣电闪，两个石像变成了活生生的人，并且结成恩爱夫妻，生儿育女，他们的子孙后代，便成了当地部落的祖先。这个神话透露出了一点消息，那个"自天而降"的神仙，很可能就是外星人，而那个能放出耀眼光芒的石像，很可能就是受过原子辐射照射的某些介质被加热后所释放出的光。

知识小链接

真核细胞

真核细胞指含有真核（被核膜包围的核）的细胞。它的染色体数在一个以上，能进行有丝分裂，还能进行原生质流动和变形运动。除细菌和蓝藻植物的细胞以外，所有的动物细胞和植物细胞都属于真核细胞。由真核细胞构成的生物称为真核生物。

对此，也有人认为，地球上不止有一代人，在 20 亿年前，就曾有过一次高度发达的人类社会，由于相互仇视，发动核战争，人类毁灭了，但也留下了一些数量极少的遗物。而奥克洛原子反应堆，就是20亿年前的人类建造的。

到底哪一种说法对呢？现在还不是做结论的时候，还有待于人们进行深入的研究和探索。

4000年前的摩亨佐·达罗城
为何突然全部毁灭

摩亨佐·达罗城

作为被科学家列为世界上难解的三大自然之谜之一的"死丘事件"，发生在距今3600多年前的某一天，位于印度河中央岛屿的一座远古城市的居民几乎在同一时刻全部死去，古城也随之突然毁灭。直到1922年，印度考古学家巴纳尔仁才第一次发现了这座古城的废墟，因城中遍布骷髅，所以称之为"死丘"。

然而，远在3600多年以前，为何有文化相当发达的古城？而古城为什么又会突然消失？其真凶又是谁？一系列的问题使科学家一直困惑了70年，至今仍未找到一个圆满的解释。

摩亨佐·达罗城是印度河流域最大的文明古城，位于今巴基斯坦信德省拉尔卡纳县境内，在当地方言中，摩亨佐·达罗的意思是"死亡之丘"。该城遗址于1922年被印度考古学家巴纳尔仁等人首次发现。根据^{14}C测定，其存在年代为公元前2500～前1500年，虽然其历史比古埃及和美索不达米亚略晚，但影响范围更大。在距摩亨佐·达罗城几百英里（1英里≈1.61千米）以外的北方，人们也发现了布局相同的城市和规格一致的造房用砖。

从遗址发掘来看，摩亨佐·达罗城非常繁荣，占地8平方千米，分为西面的上城和东面的下城。上城居住着城市首领，四周有城墙和壕沟，城墙上筑有许多瞭望楼，上城内建有高塔，带走廊的庭院，有柱子的厅以及举世闻名的摩亨佐·达罗城大浴池。浴池面积达 1063 平方米，由烧砖砌成，地表和墙面均以石膏填缝，再盖上沥青，因而滴水不漏。浴场周围并列着单独的洗澡间，入口狭小，排水沟设计非常巧妙。和上城相比，下城设置比较简陋，房檐低矮，布局也不规整，可能是市民、手工业者、商人以及其他劳动群众的居住之地。

此城具有相当明确的建设规划，总体来说，布局科学、合理，而且已经具备现代城市的某些特征。整座城市呈长方形，上下两城的街区，均由纵横街道隔成棋盘格状，其中，也有东西和南北走向的宽阔大道。居民住宅多为两层楼房，临街一面不开窗户，以避免灰尘和噪音。几乎每户都有浴室以及与之相连的地下排水系统。此外，住宅大多于中心地方设置庭院，四周设居室。给人的印象是，该城清洁美丽，居民生活安详舒适。这座城市已经达到了相当高的文明水平，考古学家从遗址中发掘出大量精美的陶器、青铜像以及各种印章、铜板等，还发现了 2000 多件有文字的遗物，包括 500 多个符号。目前，学者们正在加紧进行释读。

在古城发掘中，人们发现了许多人体骨架，从其摆放姿势来看，有人正沿街散步，有人正在家休息。灾难是突然降临的，几乎在同一时刻全城 4 万~5 万人全部死于来历不明的横祸。一座繁华发达的城市顷刻之间变成废墟。

然而对于该城毁灭的原因，科学家们还是从不同的角度作了种种推测。

有些学者如 R. L. 雷克斯、S. 威尔帕特等，从地质学和生态学的角度进行了解释，认为"死丘事件"可能是由于远古印度河床的改道、河水的泛滥、地震以及由此而引起的水灾，特大的洪水把位于河中央岛上的古城摧毁了，城内居民同时被洪水淹死了。然而，有些学者不赞同上述说法，认为如果真的是因为特大洪水的袭击，城内居民的尸体就会随着洪水漂流远去，城内不会保存如此大量的骷髅。考古学家在古城废墟里也没有发现遭受特大洪水袭击的任何证据。

有些学者猜测，可能是由于远古发生过一次急性传染疾病而造成全城居民的死亡。然而这一说法也有其漏洞，因为无论怎样严重的传染病，也不可能使全城的人几乎在同一天同一时刻全部死亡。从废墟骷髅的分布情况看，当时有些人似乎正在街上散步或在房屋里干活，并非患有疾病。古生物学家和医学家经过仔细研究，也否定了因疾病传播而导致死亡的说法。

于是，又有人提出了外族人大规模进攻，大批屠杀城内居民的说法。可是入侵者又是谁呢？有人曾提出可能是吠陀时代的雅利安人，然而事实上雅利安人入侵的年代比这座古城毁灭的年代晚得多，相隔几个世纪。因此，入侵说也因缺少证据而不能作为定论。

在对"死丘事件"的研究中，科学家又发现了一种奇特现象，即在城中发现了明显的爆炸留下的痕迹，爆炸中心的建筑物全部夷为平地，且破坏程度由近到远逐渐减弱，只有最边远的建筑物得以幸存。科学工作者还在废墟的中央发现了一些散落的碎块，这是黏土和其他矿物烧结而成的。罗马大学和意大利国家研究委员会的实验证明：废墟当时的熔炼温度高达 400℃ ~ 1500℃，这样的温度只有在冶炼场的熔炉里或持续多日的森林大火的火源才能达到。然而岛上从未有过森林，因而只能推断大火源于一次大爆炸。

其实，印度历史上曾经流传过远古时发生过一次奇特大爆炸的传说，许多"耀眼的光芒""无烟的大火""紫白色的极光""银色的云""奇异的夕阳""黑夜中的白昼"等描述都可佐证核爆炸是致使古城毁灭的真凶。

可是历史常识又告诉我们：直到第二次世界大战的末期，才发明和使用了第一颗原子弹，远在距今 3600 多年前，是绝不可能有原子弹的。

也有人认为，在宇宙射线和电场的作用下，大气层中会形成一种化学性能非常活泼的微粒，这些微粒在磁场的作用下聚集在一起并变得越来越大，从而形成许多大小不等的球形"物理化学构成物"，形成这种构成物的大

拓展阅读

核爆炸

核爆炸是指核武器或核装置在几微秒的瞬间释放出大量能量的过程。核爆炸释放的能量能使反应区介质温度迅速升高，压强增到几十亿大气压。反应区产生的高温高压等离子体辐射 X 射线，同时向外迅猛膨胀，发出光辐射，接着形成冲击波向远处传播。

气条件同时还能产生大量的有毒物质，积累多了便会发生猛烈的爆炸。随着爆炸开始，其他黑色闪电迅速引爆，从而形成类似核爆炸中的链式反应，爆炸时的温度可高达 15000℃，足以把石头熔化。这个数字恰好与摩亨佐·达罗城遗址中的发掘物一致。据推测，摩亨佐·达罗城可能是先被有毒空气袭击，继而又被猛烈的爆炸彻底摧毁。而在古城的大爆炸中，有很多半径达 30 厘米的黑色闪电和 1000 多个球状闪电参与，因而爆炸威力无比。

还有人认为，摩亨佐·达罗城毁于外星"宇宙飞船"。英国学者捷文鲍尔特和意大利学者钦吉推测，3500 万年前，一艘外星人乘坐的核动力飞船在印度上空游弋时，可能意外地发生了某种故障而引起爆炸，以致造成巨大灾难。然而外星人是否存在至今仍是一个未解之谜，故此证据不足。

摩亨佐·达罗城

对以上几种观点，现在还难以判断是非。

知识小链接

宇宙飞船

宇宙飞船是一种运送航天员、货物到达太空并安全返回的一次性使用的航天器。它能基本保证航天员在太空短期生活并进行一定的工作。宇宙飞船的运行时间一般是几天到半个月，一般乘 2 到 3 名航天员。

📍 日本琴弹山下神秘的钱形图案

在日本香川县的财田河左岸，有一座琴弹山，山下是明海海滩。站在山顶眺望海滩，人们惊奇地发现长长的海滩上有一个巨大的钱形图案。这个图案是掘沙筑成的，周长 354 米，东西长 122 米，南北宽 90 米。它的构图和中国古代的铜钱大体一致。从山上向下看"钱"是圆形的，从海滩上实际测量却是椭圆形的，中间有方孔，方孔四周有 4 个大字"宽永通宝"。整个钱形图案只有站在琴弹山上才看得清楚，站在海滩上则看不明白。

据传说，这个巨大钱形图案是宽永十年（1633 年）时，当地居民为迎接龙丸藩主前来巡视，一夜之间掘沙修造起来的，距今已有 300 多年，然而仍然保存完好。最令人费解的是，为什么这个钱形图案只有在高处才能看到全貌。

对此，当地百姓有一个传说：在琴弹山顶有一座神殿，叫"八幡神宫"。703 年的一天夜里，八幡大神乘坐一艘发光的飞船，从宇宙神宫飞临此地，钱形图案是他们所为。这个传说让人联想到纳斯卡平原上的地面图形，画的飞鸟和这里的钱形图案一样，也只有从高处才能看清。

现在有人推测说，这两个图案都是外星人掘成的。发光的船是他们乘坐的飞行器，传说的大神是驾驶飞行器的飞行员。这种说法不能使人感到十分满意。外星人在海滩挖出钱形图案的目的是什么？难道他们对地球人的钱也感兴趣吗？严格来说，在海滩掘钱形图远不如掘星象图有意义，因为这样能增加人类的知识，进而了解这些天外来客所在的星球。

也有人认为这个巨大的钱形图案纯粹是地球人的杰作，是集体智慧的结晶。据他们推测：在创造这一奇迹时，指挥者站在海岸边的琴弹山上，通过旗语来指挥海滩上众多的人，这样人们在统一指挥下就完成了这项巨大的工程。只有这样他们所创造出的钱形图案虽然实际上是椭圆形，但人们站在山上所看到的却呈圆形，与钱更加相似。

知识小链接

旗　语

旗语在古代是一种主要的通讯方式，现在是世界各国海军通用的语言。不同的旗子，不同的旗组表达着不同的意思。

对于这一解释，人们认为比较合理。但人们还不明白，这个钱形图案究竟是什么人，出于什么动机和目的，在什么时间创造出来的？它为什么能够在大海的波涛下长存而没有消失？

🔖 黄金隧道与黄金国

据古代传说，在南美洲的地下，有一条长达千里的"黄金隧道"。沿着这条隧道向前迈进，就可以到达"黄金国"。"黄金国"里埋藏着大量黄金。国王和贵族所戴的帽子和衣服上，都装饰着黄金。许多宏大的公共建筑物用巨大的金块砌成拱门，装饰着精美的浮雕，显得极为豪华，甚至连国王的马鞍、拴马桩、狗项圈等，也都是用大块的黄金做的。"黄金国"究竟在哪里？众说纷纭，有的说它在安第斯山脉中，四周山岭绵延，层峦叠嶂，全国臣民把太阳当作最早的神灵而顶礼膜拜，每当旭日初升，晨曦普照，或在夕阳西下，红霞染映，"黄金国"显得分外妖娆；也有人说，"黄金国"是在海拔2700米、由死火山口形成的"哥亚达比达"湖畔，每年定期举行祭祀"黄金神"的仪式，国王与贵族把许多黄金饰物作为供奉神灵的礼品而投入湖中。有人说，"黄金国"在一个名字叫巴里马的"黄金"湖畔；有的却认为，"黄金国"隐藏在奥里诺斯河与亚马孙河之间的某一地区……关于"黄金隧道"与"黄金国"的传说还有许许多多，在民间广泛流传，越传越神奇，但谁也无法准确地说出它的具体地点和真实情况。

从15世纪以来，由于西欧各国商品货币经济的发展和资本主义关系的萌芽，金属货币成为普遍的支付手段，这就引起欧洲的商人和封建主对于黄金的强烈渴求。关于南美洲有"黄金隧道"和"黄金国"的传说在欧洲广泛传播后，西欧社会上自国王、大贵族，下至中小贵族，尤其是商人和海盗，都渴望到南美洲寻找"黄金隧道"与"黄金国"，于是掀起了一股"黄金热"的狂潮。恩格斯在《论封建制度的瓦解和民族国家的产生》中指出："'黄金'一词是驱使西班牙人横渡大西洋到美洲去的咒语；黄金是白人刚踏上一个新发现的海岸时所要的第一件东西。"

1536 年，西班牙总督授命凯萨率领一支由 900 多人组成的探险队，在南美洲的西北部进行考察达 3 年多。他们曾经深入到安第斯山脉和马格达雷那河一带的深山密林中寻找黄金，结果只剩下凯萨一人返回，却没有发现"黄金隧道"与"黄金国"的一丝一毫踪迹。凯萨不死心，27 年后，他又重新组织一支 2800 多人的庞大探险队，从海拔 2645 米的波哥大出发，在荒山野岭度过了 3 年多，最后仍然一无所获。

知识小链接

探险家

探险家是为了探测新事物等目的而深入危险或不为人知的地方进行探险的人。探险家也可以指冒险家、旅行家或者职业航海家、飞行员等。探险的目的因人而异，可能包括军事、商业、学术、旅行等各种因素。

1539 年，西班牙探险家率领一支庞大的探险队在南美洲北端进行考察。他们曾经深入到梅里达山脉和马拉开波湖区周围的沼泽地，他们宣称他们所到达的"马卡多亚"就是传说中的"黄金国"。可是，事实的真相是："马卡多亚"只是一个古老部族的聚居地，根本不是"黄金国"。

1541 年，一支由 310 个西班牙人和 4000 个印第安人组成的探险队，深入原始森林地区。从此以后，许多支探险队在从安第斯山脉至委内瑞拉和巴林的广大森林地区大规模地开展寻找"黄金隧道"与"黄金国"的活动，结果都毫无所获，失败而归。

1595 年，英国探险家洛津率领一支探险队，以东南部圭亚那高原作为探索"黄金隧道"与"黄金国"的中心地带。他们深入到奥里诺科河谷和热带草原，考察过埃塞奎博河、德梅拉拉河、伯比斯河和著名的鲁普努尼草原。探险结束后，他在他所撰写的《圭亚那帝国的发现》一书中宣称，他曾经发现过一个名叫"马洛亚"的"黄金国"。他这样描述这个"黄金国"的情景："圭亚那帝国比秘鲁更靠近海，而在正东的赤道上出产黄金比秘鲁的任何地点都要丰富，具有与秘鲁最繁荣时相同数目或更多的大城市。那个帝国根据同秘鲁同样的法律来统治，皇帝和臣民一起信仰同一种宗教。定名为'马洛亚'

的'黄金国'，亦即是圭亚那帝国的首都，我确信那个帝都的雄伟、富裕，皇宫的壮丽为世界之冠。都城建在与加勒比海相等长度（约 1000 千米）的咸水湖畔……皇帝的用具包括桌、厨具等全是金银制品，就是最下等的物件也为了获得强度和耐久性而用银铜制作。在皇帝的寝宫内，有巨大的黄金人像，以及模拟地球上生长的一切飞禽走兽、游鱼潜鲸、花草树木等同样大小的黄金模型。此外，还有黄金制的绳索、笔箱子以及用类似树木的黄金棒束架起来做成的篝火……"但是后人大都认为这些描述纯属凭空捏造，没有史实根据，不可相信。

但在 16～18 世纪，欧洲一些人却对洛津《圭亚那帝国的发现》一书中所描写的"黄金国"——马洛亚帝都深信不疑。1599 年，他们在绘制的"黄金圭亚那的新地图"上，竟然画着巴里马"黄金湖"，在湖畔标明了"马洛亚"。后来，甚至把巴里马湖标在赤道上，西面是"黄金国"及其帝都马洛亚，而把圭亚那帝国却画在北面。再后来，把巴里马湖错写成"黄金的海"。从当时绘制地图上所表现出来的前后矛盾、混乱和荒唐的情况，可见当时人们根本弄不清"黄金隧道"与"黄金国"究竟在哪里。

直至现代，还有很多人依然在兴趣勃勃地寻找"黄金隧道"与"黄金国"。在西班牙政府的大力支持和资助下，西班牙探险家曾率领大批民工，由色布卢贝特负责指挥，凿通了巴里马湖，排出了 5 米多深的水，在湖底污泥中找到了一些有卵石大的绿宝石和黄金制成的精美工艺品。1912 年，戈德拿泰兹公司花费了 15 万美元的巨额经费，雇用大批民工，运用新式排水机器，把位于海拔 2700 米高原的"哥亚达比达湖"汲干了，从湖底污泥里捞出了一些黄金以及用黄金制成的工艺品和贵族的酬神金俑。1969 年，有两个农场工人无意中在一个小山洞里发现了几件纯金的制品：金木筏一件，小金人像一件，金王座一件。这些偶然的发现，更加激起了许多人寻找"黄金隧道"与"黄金国"的浓厚兴趣。他们认为，这些偶然的发现为进一步探寻"黄金隧道"与"黄金国"之谜提供了重要线索和依据。

从 1976 年以来，考古学家在南美洲发现许多重要的远古文化遗址和文物，对今后深入揭开"黄金隧道"和"黄金国"之谜很有参考价值。

羊皮纸上的藏宝密码

拉比斯是 18 世纪上半叶的法国大海盗,真名叫奥里维尔·勒·瓦瑟。17 世纪末,他生于法国加来。18 世纪初期,海盗猖獗于印度洋和东非马达加斯加海域,专门劫掠过往船只。其中最显赫的海盗当数拉比斯了。

拉比斯心狠手辣,专门打劫豪华商船和政府"宝船"。1716～1730 年,他在印度洋和东非海上横行了 14 年,共劫夺了 5000 千克黄金、60 万千克白银,还有几百颗钻石及各类珍稀宝贝。其间,在 1721 年 4 月,他与英国海盗泰勒一起,劫夺了在印度洋波旁岛圣但尼港湾躲避风暴的葡萄牙船只"卡普圣母"号,抢走了船上大量的金银珠宝,并把这艘船修饰一番,改名为"胜利者"号。1722 年,法国海军将领居埃·特鲁安在波旁岛附近打败了英国海军,控制了印度洋海域,大多数海盗在法国国王的大赦下洗去罪行、改过自新。只有拉比斯等少数海盗隐藏起来窥探时机。

你知道吗

绞刑

绞刑实际上分成缢死和勒死两种。缢死,俗称吊死,是指以绳索将人的脖子吊在半空而死亡的方法。勒死,是指以绳索勒住人的脖子而使之死亡的方法。绞刑一般是指执行死刑。

拉比斯工于心计,把劫夺来的金银珍宝分散藏匿于从塞舌尔群岛到马达加斯加海角的印度洋海区,藏好之后,他便把其他藏宝人一个个杀害。他向法国政府提出交出财宝的必要条件是对他实行完全赦免。1729 年,他终于被法国海军搜捕到。经法国特别刑事法庭审判,他犯有海盗罪而被处于绞刑。1730 年 7 月 7 日,拉比斯由行刑队押送着走向断头台,当绞索套到他的脖子上时,他突然向蜂拥围观的人群扔出一卷羊皮纸,并大声吼道:"我的财宝属于能读懂它的人!"

拉比斯被绞死后,留下了这卷神秘的羊皮纸,纸上写有一封密码信,画有 17 排稀奇古怪的图样,每个图样代表一个密码,看上去像天书一样难解,谁能把它破译出来，就能得到那笔巨大的财富。写在羊皮纸上的拉比斯密码如今珍藏于法国国家图书馆里，它的一份影印件在 1949 年落到英国探险家瑞吉纳·古鲁瑟韦金斯手中。这位英国探险家估计拉比斯财宝藏在印度洋上的塞舌尔岛，于是他带上毕生积蓄在塞舌尔岛上待了整整 28 年，对 17 排图样作孜孜不倦的探索，终于破译了 16 排密码，但对其中的 12 排图样却寻求不到答案，直到他因病去世时也未能解开这个谜底。

除塞舌尔岛外，另外 6 个印度洋岛屿也可能是拉比斯藏宝之地。这 6 个岛屿：毛里斯岛（又名法兰西岛）、波旁岛、马埃岛、圣玛丽岛、弗里卡特岛及罗德里格岛。这些岛屿都是拉比斯一伙海盗当时常来常往之地。后人根据破译出来的密码在毛里斯岛找到许多宝藏。

法国"寻找藏宝国际俱乐部"掌握另一份与拉比斯藏宝有关的材料，包括一份遗嘱、三封信件及两份说明书，它是掌握拉比斯藏宝秘密的法国海盗德莱斯坦的东西。探宝专家们认为，在德莱斯坦熟知的财宝中有一些便是拉比斯藏宝。德莱斯坦在给他兄弟埃蒂安的信中讲："在印度洋最近的一次战斗中，我们在跟一艘英国大型驱逐舰的较量中，船长受了伤。他在临终之前向我透露了他的秘密，并交给了我找到埋藏在印度洋上巨笔财宝的文件，要我使用这些财宝来武装我们的海盗船只以对付英国人。但是，我对这种漂泊无常的生活已经感到害怕，我宁愿参加正规部队，期望法国安宁，以便取出这些财宝，并返回法国……有三笔财宝，其中埋藏在我亲爱的毛里斯岛上的一笔尤为可观。按照转交给你的这些文件的指示，你将会找到装满着西班牙古金币和 3000 万根金条的三只大铁桶和坛子，以及一个装满着（印度）维萨布尔和戈尔康达出产的钻石的铜箱。"

德莱斯坦在给他侄儿的信中也说："你来毛里斯岛……有一条河流就在这个地方中心附近。财宝就藏在那里。你将会看到，有一个密码图案，它通过奇特的组合会显示出两个缩略字母 B. N. ……由于我在海上遇过难，丧失了许多文件。我已经取出了许多藏宝，仍有四笔财宝以同样的方式被同样的海盗埋藏着。你将通过送给你的密码手册解开这些奇特的画谜，找到这批财宝。" 20 世纪初，有人在毛里斯岛发现了一块署名布拉吉尔，有奇特指示的大理石石块，寻宝者依据指示又发现一块写有密码的铜板，遗憾的是没人识别得出铜板上的密码，铜板在运输途中又被丢失了！

从 1730 年绞死拉比斯到现在，探寻拉比斯密码和藏宝的活动始终不断。一个名为"俄丝乌德旅行社"开辟了到塞舌尔岛寻宝的旅游线路，旅费虽贵，但参加者期期爆满。他们不但可以游览风景名胜，而且可以凭借旅行社发给的一份神秘图案的影印件到岛上寻找拉比斯藏宝，创造顷刻间变成百万富翁甚至亿万富翁的机会。因而这旅游生意怎能不红火呢！所有这一切颇具诱惑力，但要识破第 12 排拉比斯密码并非易事，还得凭知识、智慧、毅力和运气。

大地之谜

　　大地承载万物，万物之灵——人类也在大地上繁衍生息。目前，大地可以说是人类唯一的乐园。历经千万年的沧桑巨变，大地的面貌发生了翻天覆地的巨大改变。沧桑巨变给人类带来了很多至今也解不开的团团迷雾，例如大陆漂移的动力来源是什么、沙漠究竟是如何形成的等。

大陆漂移之谜

板块构造学说认为，地球的岩层，原来是一块统一的联合大陆，后来被海岭、岛弧、水平大断裂分割，形成 6 个巨大的板块，即欧亚板块、美洲板块、非洲板块、太平洋板块、大洋洲板块和南极板块。这些由较轻的硅铝层组成的大板块，像冰山漂浮在水中一样骑在较重的硅镁层之上，自东向西或从极地向赤道方向漂移。科学界认为，大陆漂移与地球内部构造有关。

地球的内部构造很像一个鸡蛋的构造，蛋皮好像是地壳。不过，现在的地壳不是完整的，而

拓展阅读

板块构造学说

板块构造学说是在大陆漂移学说和海底扩张学说的基础上提出的。根据这一新学说，地球表面覆盖着不变形且坚固的板块，这些板块在以每年 1 厘米到 10 厘米的速度在移动。地球板块分类为三种状态：其一为彼此接近的汇聚型板块边界；其二为彼此远离的分离型板块边界；其三为彼此交错的转换型板块边界。板块本身是不会变形的，地球表面活动便都在这三种状态下集中发生的。

是由 6 个板块拼合成的。地壳平均厚度约为 35 千米。地壳以下为平均厚度近 3000 千米的地幔。地幔的上层称为软流圈。这里的物质已被熔化，犹如鸡蛋的蛋清。地幔以下是地核。

板块构造学说刚兴起时，人们把板块漂移的动力归于软流圈的对流。板块构造学说认为，地幔内部温度虽然很高，但各处并不一致，温度高的物质流向温度低的地方；地幔内各处的压力也不相同，受高压作用的物质会流向压力较低的地方；地幔内的物质的密度也不相同，重的物质向下沉降，轻的物质向上升起，于是就产生了对流。由于软流圈产生物质的流动，上浮的 6 个大板块也随着移动。但是，有些科学家通过试验和测算，认为地幔内物质的结构和某些流变性质的强度对于对流有重大的影响，如地幔内的岩浆的黏

滞度足以阻止对流，足够大的弹性强度可以制止对流的产生。因此，说地幔对流存在，还缺乏科学根据，它只是一种假想。有人还提出地球膨胀、万有引力常数的变化等作为板块活动的动力来源，但都不能成立。至今，大陆漂移的动力来源仍然是个自然之谜。

🔰 石油成因之谜

　　石油是当今世界上使用最普遍的能源和最重要的化工原料。然而关于石油的起源，自从 200 年前，俄国两位有名的科学家分别提出了石油的有机成因和无机成因以来，学者们也就分成旗帜鲜明的两大学派，各持一说，至今仍争论不休，难分胜负。

　　世界上第一个试图探索石油成因的是俄国的罗蒙诺索夫。早在 1763 年，他就提出了以下观点：地下肥沃的物质，如油页岩、沥青、碳、石油和琥珀等都起源于植物。因为油页岩不是什么别的东西，而是古代从结果实的地方和从树林里被雨水冲刷下来的烂草和烂叶变成的黑土。它像淤泥般沉在湖底……树脂和石油以它们的（重量）轻和树脂的可燃性表明它们的成因也是同样的。

　　1876 年，俄国另一位著名人物、元素周期表的创始人门捷列夫提出了一个截然不同的观点：地球上有丰富的铁和碳，在地球形成初期可能化合成大量碳化铁，以后又与过热的地下水作用，遂生成碳氢化合物，而碳氢化合物类似于石油。已生成的碳氢化合物沿地壳裂缝上升到适当部位储存冷凝，形成石油矿藏。"碳化说"在 19 世纪末 20 世纪初曾流行一时，但不久因为在地球深处并没有发现大量碳化铁的迹象，而且地球深处也不可能有地下水存在，此说渐渐被人们所否定。

　　这一期间，天文学家利用光谱分析，发现太阳系某些行星大气层和彗星核部都有碳氢化合物存在。它们显然与生物作用无关。俄国的索柯洛夫即于 1889 年推出石油成因"宇宙说"，认为地球在诞生伊始尚处于熔融的火球状态时，吸收了原始大气中的碳氢化合物。随着地球不断冷却，被吸收的碳氢化合物也逐渐冷凝埋藏在地壳中形成石油。反对者则指出，地球形成的大气成分与现代大气差不多，不可能存在大量碳氢化合物；即使有的话，遇到高温有熔融状的地球也早就分解了。

知识小链接

光谱分析

光谱分析是指根据物质的光谱来鉴别物质及确定它的化学组成和相对含量的方法。光谱分析的优点是灵敏、迅速。历史上曾通过光谱分析发现了许多新元素，如铷、铯、氦等。

人们把"碳化说""宇宙说"称为无机成因说。还有一种无机成因说，叫"火山说"。持"火山说"的人不多，他们认为石油是火山喷发作用的产物，但世界上位于火山带的油矿毕竟是极少数，这种学说无法解释大量的不存在于火山带的油矿的形成。

到了1888年，杰菲尔继承罗蒙诺索夫的有机成因说，向无机成因说"发难"。他认为所有石油都是海生动物的脂肪经过一系列变化而形成。不久又有人提出植物残骸在湖或海底受温度压力等影响生成有机质，然后再转化成石油的观点，其中有的强调海生植物的重要性，有的则说陆生植物对石油生成更有利。

20世纪30年代，前苏联科学家古勃金综合两家意见，发表"动植物混合成因说"，认为动植物的混合物经一系列变化更有利于生成石油。石油有机形成的最新理论认为，形成石油和天然气的有机物包括陆生和水生的生物，而以繁殖量最大的浮游生物为主。它们同泥沙和其他矿物质一起，在低洼的浅海、海湾或湖泊中沉积下来，首先形成有机淤泥，有机淤泥被新的沉积物所覆盖，造成与空气隔绝的还原环境。随着低洼地区不断沉降，沉积物不断加厚，有机淤泥承受的压力和温度也不断加大，经过生物化学、热催化、热裂解等阶段，逐渐转化为石油和天然气。

20世纪四五十年代，人们普遍认为石油烃类是沉积岩中的分散有机质在成岩作用早期转变而成的。有人在现代沉积物中发现了与沉积物几乎同时形成的烃类物质，在此基础上提出了有机成因早期成油说，又称"分子生油说"。

20世纪60年代，取代"分子生油说"的是"晚期成油说"。晚期成油说认为，当沉积物埋藏到较大深度，到了成岩作用的晚期、蕴藏在岩石中的不溶有机物质——酐酪根，才达到成熟热解而生成石油，因此又被称为"酐酪根生油说"。

然而，无机成因学派并未偃旗息鼓。1951年，在过去40年中一直是有机成因论者的前苏联地质学家库德梁采夫，突然180度大转弯，创立"岩浆说"。

他深信地球深处的岩浆中不仅存在碳和氢，而且还有氧、硫、氮及石油中的其他微量元素。它们在岩浆由高温到低温的变化过程中，自会发生一系列的化学反应，从而形成一系列石油中的化合物。然后伴随着岩浆的侵入和喷发，这些石油化合物在地壳内部的有利部位经运移和聚集而形成石油矿藏。

美国康奈尔大学的天文学家高尔德，1977年起，在宇宙说和岩浆说的基础上，多次提出：石油来自地球深处，而且早在45亿年前地球形成时就已产生。他反驳有机说的理由：世界上油矿的规模比其他任何沉积矿体大得多，已查明的油气储量也比原先根据生物成因说估计的高出数百倍之多；最难以解释的是许多油气伴生氦，但生物对氦的聚集不起任何作用；再有，生物作用

拓展阅读

陨　石

陨石是地球以外未燃尽的宇宙流星脱离原有运行轨道或成碎块散落到地球或其他行星表面的、石质的、铁质的或是石铁混合物质，也称"陨星"。大多数陨石来自小行星带，小部分来自月球和火星。

说明世界油田分布高度集中的现象。另外，按照传统理论，花岗岩是火成岩，不可能有油气，可是高尔德预言，瑞典中部一个欧洲最大的陨石冲击坑——呈环状的锡利延地区，系由花岗岩构成，却因有陨石撞击产生巨大裂缝，足以使地下深处的碳氢化合物流到地壳表层。为此，瑞典国家能源局在陨石坑

里钻了 7 口 500 米左右深的探井，居然都见到了少量天然气似乎证实了高尔德的学说。

由此可见，现在要对石油的成因下结论，还为时过早。

高原黄土之谜

中华民族以其悠久的历史、独特的文化屹立于东方，为了与围绕地中海形成的西方文明——海洋蓝色文明相对，人们又把华夏文明称誉为黄土文明。的确，黄河养育了炎黄子孙，而黄河又是依偎在黄土高原的怀抱中。

黄土高原横跨我国华北、西北 7 个省市、自治区，覆盖面积 54 万平方千米，海拔 1000～1500 米，土层厚度 50～80 米，最厚处达 200 米以上。

黄土的质地疏松，富含氮、磷、钾等养分，适宜耕作，为生产技术水平落后的上古先民提供了理想的土地资源，造就了我国古代灿烂的农业文明。黄土高原地质结构又呈垂直节理发育，直立性很强，适宜开凿冬暖夏凉的窑洞，为当地人民提供自然"空调"的居室。但是，黄土有一个致命弱点，就是容易被水侵蚀。一旦天然植被遭到破坏，土壤侵蚀现象就会迅速蔓延，原来平坦而连片的土地，不久就会变成一个个孤立的塬、梁、峁地形，呈现千沟万壑、支离破碎、荒山秃岭的苍凉景象。

几千年前，黄土高原地区雨量充沛，林丰草茂，先民以畜牧业为生，有利于水土保持。秦汉以后，人口增多，技术进步，农业取代了牧业，土地大量开垦，加上无休止的战乱，土壤侵蚀愈演愈烈。今天的黄土高原已是一片瘦骨嶙峋、干涸贫瘠、黄沙肆虐的土地，商周时代的繁荣荡然无存。古人笔下的"河"先演变成"浊河"，再演变

千沟万壑的黄土高原

成"黄河", "疾风冲塞起，沙砾自飘扬"是黄土高原向沙漠蜕化的典型景观。

那么，黄土高原上数百万亿吨的黄土从哪里来，又是怎样形成的呢？

不同学派的地质学家曾提出过 20 多种黄土成因假说，其中多数已被否定，现在影响较大的还有水成说、残积说、风成说及多成因说 4 种。水成说认为，黄土主要是由流水作用从离高原不远的周边地区携带来堆积而成；残积说认为，黄土是高原基岩在千万年的风化作用下就地成土的结果。

知识小链接

基 岩

风化作用发生以后，原来高温高压下形成的矿物被破坏，形成一些在常温常压下较稳定的新矿物，构成陆壳表层风化层。风化层之下的完整的岩石被称为基岩。露出地表的基岩称为露头。

中外多数学者主张风成说。他们从分析黄土物质的基本特点入手，认为黄土物质的物源与我国西部大面积的沙漠有关，黄土物质的搬运主要依靠来自西伯利亚和蒙古高原的高压气流。它的形成，经历了几百万年的地质综合作用，通过物源的形成、搬运、分选及堆积成土这样 4 个前后相因的历史阶段。

在长期的争论中，风成说最具说服力，但又不足以完全否定水成说、残积说。尤其是近几年来多成因说异军突起，构成了对风成说的有力挑战。孰是孰非，尚未定论。

◆ 沙漠产生之谜

据统计，地球上沙漠总面积约 1500 万平方千米，占地球陆地总面积的 $\frac{1}{10}$，而且这个数字还在不断增大。那么，面积如此大的沙漠究竟是怎样形成的呢？

传统的观念认为：沙漠是地球上干旱气候的产物。从地球上沙漠的分布来看，也证实了这一观点。目前世界上的大部分沙漠都集中在南、北纬15度~35度，如北非的撒哈拉沙漠、澳大利亚的维多利亚沙漠、南亚的塔尔沙漠、阿拉伯半岛的鲁卜哈里沙漠等。这是因为地球自转使得这一地带长期笼罩在大气环流的下沉气流之中，气流下沉破坏了成雨的过程，形成了干旱的气候，造就了茫茫的大漠。

知识小链接

大气环流

大气环流一般是指具有世界规模的、大范围的大气运行现象。它既包括平均状态，也包括瞬时现象，其水平尺度在数千千米以上，垂直尺度在10千米以上。

然而，这一观点并不能解释所有沙漠的成因，比如塔尔沙漠。它的上空湿润多水，而且当西南季风来临时，那里的空气中水汽的含量几乎能与热带雨林地区相比。于是有人认为，尘埃是形成塔尔沙漠的主要原因。

塔尔沙漠中的村庄

科学家们发现，塔尔沙漠上空的空气浑浊不堪，尘埃密度超过芝加哥上空几倍。尘埃白天遮住了阳光，大气灰蒙蒙的，略呈暗红色，夜间也不见群星。尘埃一方面反射一部分阳光，另一方面又吸收一部分阳光，使本身增温而散热。白天因为尘埃弥漫使得地面缺少加热，空气就不能上升。夜间，尘埃以散热冷却为主，空气下沉，同时也减弱了地面的散热。

于是，此地既无降雨条件，又无成露可能。尘埃在这里竟制服了湿气，使地面只能形成沙漠。

那么，这么多的尘埃又源于何处呢？有的学者指出，塔尔沙漠的尘埃最初是人类制造的。人类是破坏生态环境、制造沙漠的真正凶手。正如 200 年前法国哲学家夏托·布赖恩所说的："野蛮时期是森林、草原，到了文明时期却成了沙漠。"持这一观点的人还以世界上最大的沙漠——撒哈拉沙漠的演变为例，证明自己的观点。

撒哈拉沙漠的大部分地区在远古时代曾是一片植被茂盛的肥沃土地，绿叶葱翠，禽兽成群，万木竞荣……后来，由于人类破坏了原有的生态环境，才"制造"了沙漠。干旱的气候不是元凶，它只提供了形成沙漠的适宜条件。

但也有人不完全同意上述观点，认为撒哈拉沙漠的形成最初是很缓慢的，直至公元前 5000 年，不知从什么地方飞来铺天盖地的黄沙，才使此地变成了辽阔无际的沙漠。然而这突如其来的黄沙又是从哪里飞来的呢？没有人能确切地回答这一问题。那么，到底是谁制造了沙漠呢？

◨ 撒哈拉有过 "绿洲时代" 吗

撒哈拉沙漠的所过之处全部是沙丘、流沙和砾漠。撒哈拉沙漠是多么的荒凉。那么，撒哈拉沙漠究竟荒凉了多久？人们在不断的探索下，终于证明了撒哈拉沙漠地区远在公元前 6000 ~ 前 3000 年的远古时期，曾是一片肥沃的平原。早期居民们曾经在那片绿洲上，创造出了非洲最古老和值得骄傲的灿烂文化。

探险家巴尔斯在恩阿哲尔高原地区的岩画上，发现了水牛、河马和一些在水里生活的动物，更让人感到不可思议的是，在这些岩画里边竟然没有骆驼！巴尔斯感到十分迷惑，因为只有在有沙漠的地方，才会有骆驼呀！水牛、河马必须在有水和草的地方上才能生存。撒哈拉沙漠里的岩画上没有骆驼，这就说明这里在远古时代一定是水草丰

广袤的撒哈拉沙漠

茂，绝不会是像现在的这副样子，到处都是沙丘和流沙，到处是死气沉沉。

科学家用放射性 ^{14}C 测定年代的方法测出，这些岩画在距今 4500~7400 年的时候被创作出来。科学家们还发现，这些岩画往往是用不同的风格，在不同的年代被刻画在岩壁上的，所以重重叠叠地刻画在一块儿。这些说明，那时候，撒哈拉地区的人们在这里长期地生活繁衍。也就是说，那时候的撒哈拉地区正处在有水、有草、人兴畜旺的时代。

科学家们经过研究和分析，认为撒哈拉地区由草原退化为沙漠经历了一个漫长的过程。撒哈拉地区先是气候发生突然的变化，导致降雨量急剧减少。这些少量的雨水，流进了内陆盆地，可是由于雨水流量不多，也就滞留在这里。流水所带的泥沙在盆地里慢慢淤积，盆地增高以后这些水就开始向四周泛滥，慢慢地形成了沼泽。经过漫长的时间，沼泽里的水分在太阳的照射下慢

拓展阅读

撒哈拉沙漠的植被

撒哈拉沙漠植被整体来说是稀少的，高地、绿洲洼地和干河床四周散布有成片的青草、灌木和树。在含盐洼地发现有耐盐植物。在缺水的平原和撒哈拉沙漠的高原有某些耐热耐旱的青草、草本植物、小灌木和树。

慢地就变干了，沙丘开始出现在撒哈拉的大地上。这时候，撒哈拉地区的气候恶化得更加严重，风沙也越来越猛烈。撒哈拉地区也就慢慢地变成了沙漠地带。

冬热夏冷的 "怪地"

在辽宁省东部山区，从桓仁县沙尖子镇船营沟到宽甸县的牛蹄山麓这段总长约 15 千米的地带，地温反常，夏天冒冷气，冬天冒热气。冬天，在这地段，有的山岗上，绿草茵茵，花果葱葱，仿佛春天般的景象，而山岗的四周，草木枯萎，冰封雪裹，一派冬季萧条的景象。夏季，这些地方好像安装了空

调器似的，把寒气吹到地上。据当地人说，新中国成立前的某个夏天，一个人把一匹马拴在一个山洞前的树桩上。第二天，这个人惊奇地发现马几乎被冻死了。

这块"宝地"为当地农民带来了许多好处。且不说为冬季农业生产提供了良好的小气候，就日常生活而言，提供了许多便利。村民只要垒个山洞或石头坑，就是一个"纯天然冰箱"。酷暑时节，将鸡鸭鱼肉放到"冰箱"里，就不会坏。

据辽宁省地质部门初步考察，在沙尖子镇的一个长约 200 米、宽约 80 米的地方，冬季气温为零下 30℃ 时，在地上挖 1 米深的坑，坑内温度竟达 17℃；夏季气温为 30℃ 时，地下 1 米深处的温度约为零下 12℃。

此外，还有些地方也有类似的现象。譬如：在河南省林县石板岩乡西北部太行山半山腰处，有一个叫"冰冰背"的地方，每年阳春三月，太行山百花盛开时，"冰冰背"开始结冰，直至八月，寒气逼人；冬季，四周结冰，唯独"冰冰背"没有结冰，且热气如蒸，花草茂盛。在湖北省宜昌市五峰县白溢寨主峰北侧，有一个奇特的山洞，每当三伏天，外面骄阳似火的时节，石缝中便自然凝出大型冰块。

为什么会有这种反常的现象呢？目前，科学家还没有进行很深入的考察研究，因此也还没有一个确切的答案。一些科学家也做了些推测：有的认为地下有储气构造和特殊的保温层；有的认为地下重叠着寒、热储气带，终年释放气流，遇冷则热气显，遇热则寒气显；有的认为是一种特殊环境下的小气候……

究竟是什么原因所致，但愿科学家们早日能给我们一个确切的说法。

◉▶ 神秘的黑竹沟

在四川省峨边，海拔 4288 米的马鞍山东坡，有一片 200 多平方千米的原始森林。这个地方名叫黑竹沟。

黑竹沟神秘莫测，十分恐怖，相传有数十人进入黑竹沟内失踪。且不说当地有多少人丧生其内，就以有关政府部门组织的考察活动来说，也曾失踪多人。譬如，1966 年 3 月，一个测绘小组，除一人留在沟外无恙外，进入沟内的 6 人，一死三伤两失踪；1976 年 9 月，四川省林业厅勘探大队入沟调查，有两名技术人员失踪。此外，1986 年、1991 年，川南林业局组织的资源调查队终因遇险等原因中断调查。

当地人谈"沟"色变。他们世代传说：在沟内一个叫关门石的峡口，一声人语或犬吠，都会惊动山神。被触怒的山神会吐出阵阵奇雾，把闯入峡谷内的人卷走；或者招来暴雨冰雹，惩罚入峡谷者。他们还说，当地的大熊猫不吃竹子而爱吃羊……

神秘的黑竹沟

据报道：1994 年 4 月和 6 月，一支由 7 人组成的科学考察队，两度进入黑竹沟，想揭开黑竹沟神秘的面纱。

考察队员在当地彝族山民的帮助下，历经千难万险，成功地进入当地人所说的关门石峡谷。原来，那儿与周围阴森可怖的原始森林相比，却是一个风景秀丽的峡谷。至于那儿为什么被当地视同恐怖的代名词，还不清楚。

考察队通过调查，证实黑竹沟内的熊猫确实会吃羊。据当地村民说，仅1992～1993 年，就有 22 只羊被咬死。熊猫吃羊的方式与其他野兽不同，它们主要是吸羊血，吃脑髓和肝脏；而且吃饱后便头枕残羊抱头大睡，显得不慌不忙，颇有"绅士"风度。甚至 1994 年 3 月，一头重 150 多千克的母牛，也被熊猫吸干血，掏尽内脏。当地人知道熊猫是国宝，也不敢加害于它们。一向吃竹子的熊猫为何大开杀戒，变得如此凶残？当地彝族同胞解释说是箭竹少了，不够它们食用，它们是被迫食肉。而据考察队考察，当地的箭竹林仍有不少，这是怎么回事呢？目前还是一个谜。

📖 南极干谷之谜

　　南极是人类最少涉足的大洲。在那里还有许多现象人们无法解释，"无雪干谷"就是其中最神秘的一个。总面积约达1400万平方千米的南极大陆，大部分被冰雪覆盖，从高空俯瞰，南极大陆是一个中部高四周低、形状极像锅盖的高原。这个被形象地称为冰盖的冰层，平均厚度为2000米，最厚的地方可达4800米。大陆的冰盖与周围海洋中的海冰在冬季连为一体，形成一个总面积超过非洲大陆的白色冰原，这时它的面积要超过3300万平方千米。

　　在南极洲麦克默多湾的东北部，有3个相连的谷地：维多利亚谷、赖特谷、地拉谷。这段谷地周围是被冰雪覆盖的山岭，但奇怪的是谷地中却异常干燥，既无冰雪，也少有降水，到处都是裸露的岩石和一堆堆海豹等海兽的骸骨，这里便是"无雪干谷"。走进这里的人都感到一种死亡的气息，于是它又被称为"死亡之谷"。

　　当科学家探测至此，他们对于岩石边的兽骨百思不得其解。最近的海岸离这里也得有数十千米，而远一点的海岸则要有上百千米。习惯于在海岸旁边生活的海豹一般情况下不会离开海岸跑这么远，可这些海豹偏偏违背了通常的生活习性来到这里。那么，海豹为什么要远离海岸爬到"无雪干谷"呢？

　　一些科学家认为，这些海豹来到这里是因为在海岸上迷失了方向。在这个没有冰雪的"无雪干谷"地区，海豹因为缺少可以饮用的水，力气耗尽而没能爬出谷地，最

拓展阅读

发现最晚的大陆——南极大陆

　　南极大陆是指南极洲除周围岛屿以外的陆地，是世界上发现最晚的大陆，它位于地球的最南端。南极大陆95%以上的面积为厚度惊人的冰雪所覆盖，素有"白色大陆"之称。在全球大陆中，南极大陆大于澳大利亚大陆，排名第五。

后干渴而死，变成了一堆堆白骨。

由于存在着鲸类自杀的现象，还有一些科学家认为这些海豹跑到"无雪干谷"地区就像鲸类一样是自杀。可是并没有充足的理由证明这是海豹自杀，因而有些科学家认为，这些海豹可能是受到了什么惊吓，在什么东西的驱赶下才到了这里。那么海豹在过去的年代里到底是惧怕什么而慌不择路呢？又是一种什么样的东西将它们驱赶到这里呢？这真令人费解。

神秘莫测的海洋

　　地球表面约71%的部分被海水覆盖，是名副其实的蓝色"水球"。海洋是个神秘莫测的世界，人类对海洋的了解要远远低于对陆地的了解，因此，对神秘莫测的海洋充满了好奇和敬畏。事实上，关于海洋的秘密也是最多的，这其中跟海洋自身特性有关，随着人类探索海洋的力度进一步加大，总有一天这些所谓的秘密终会被揭开。

百慕大三角

所谓百慕大三角，即指北起百慕大，西到美国佛罗里达州的迈阿密，南至波多黎各的一个三角形海域。在这片海域上，从1945年开始数以百计的飞机和船只，在这里神秘地失踪。当然，这些失踪事件不包括那些机械故障、政治绑架和海匪打劫等，因为这些本不属于那种神秘失踪的范畴。

现在，百慕大三角已经成为那些神秘的、不可理解的各种失踪事件的代名词。

在我们熟悉的地球上，怎么独独有这么一个神奇而无法解释的角落？怎么会发生一连串不可思议的事情？究竟是什么在百慕大三角作祟？

◎ 失踪的飞机群

美国空军上尉泰勒是一位极有经验的飞行员。他已经驾驶飞机在空中飞行了2500个小时，这个飞行纪录并不是一般人能够做到的。

1945年12月，泰勒上尉作为第19飞行队的队长，他率领飞行队从佛罗里达州的劳德代尔堡机场起飞。他和14位飞行员驾驶着5架复仇式鱼雷轰炸机，去执行一项飞行训练任务。

一切正常，天气良好，这是个理想的飞行天气。

失踪的飞机

他们的任务是飞一个三角形航程，向正东方向飞过巴哈马群岛，接着向北飞行，然后沿三角形最后一个边线返航。

当飞行队越过巴哈马群岛上空时，基地突然收到泰勒上尉和飞行员鲍尔斯的报告，称罗盘失灵，他们弄不清楚自己的高度。片刻，基地指挥部收到的信号越来越糟糕，好像所有的飞行员都慌了神。当然指挥部也慌了。

下午 4 点钟，指挥部听到了泰勒上尉忐忑而颤抖的呼叫：

"发生了异常现象！我们不知道为什么偏离了航向。"

指挥部道："报告你们的位置！"

泰勒："我弄不清自己的位置，不知在什么地方！"

指挥部："那么你们向西飞行！"

泰勒："方位仪出了故障，指针不动。我们辨不清方向，看到的只是大海！"

拓展思考

罗　盘

罗盘主要由位于盘中央的磁针和一系列同心圆圈组成。罗盘的发明和应用是人类对宇宙、社会和人生的奥秘不断探索的结果，逐渐增多的圈层和日益复杂的指针系统，代表了人类不断积累的实践经验。

基地指挥部当时未感到问题的严重性。因为，飞机上燃料充足，可以应付 4 个小时的飞行。再说，泰勒上尉的飞行技术是让人放心的。指挥部遂即命令另一架仪表正常的飞机替代泰勒。

可是十几分钟后，基地指挥部又接到报告：

"我们现在又迷航了，看不见陆地……一切全乱套了，连大海也好像和往常不一样了！"

这时候也传来泰勒上尉的声音：

"我们好像在墨西哥湾上空……"

基地吃惊了，他们怎么偏离航向飞到墨西哥湾去了？下午 6 时，这 5 架飞机不知位于何处，还盲目地在飞行，他们之间彼此联系的对话，让基地大大震惊，所有的仪表都失灵了。他们的读数都不相同，连西斜的夕阳都没看见，如果看见太阳他们就会校正航向的。最后，终于传来令基地心碎的声音：

"我们完了……开始往水里沉了……"

电波讯号越来越微弱，直到一片沉寂。这时候，时针正指着 7 点零 4 分。

泰勒上尉连同他的 14 个伙伴，以及那 5 架飞机，也就在地球上消失了。

指挥部感到这事不可理解，立刻决定派飞机寻找。

几分钟后，一架"马丁"式海上搜索机应命起飞。这架搜索机上由 13 名机组人员驾驶。

但是，这架海上搜索机也失踪了。它好像直奔那个失踪的虎口，连点声息都没有传回，便悄悄地消失了。

短短几个小时，6 架飞机、27 位飞行员都不见了，简直是莫名其妙。难道他们被天空吞噬了吗?

广角镜

航空母舰

航空母舰，是一种大型水面舰艇，舰体通常拥有巨大的甲板和坐落于左右其中一侧的舰岛。航空母舰是航空母舰战斗群的核心，舰队中的其他船只提供其保护和供给，而航空母舰则提供空中掩护和远程打击能力。它是现代海战中最重要的舰船之一。

次日，美国当局对这次事件予以高度的重视，进行了有史以来最大的一次搜寻救援活动。美国海军出动了包括航空母舰在内的 21 艘舰艇，数百艘快艇和摩托艇，300 多架飞机，也就是说美国海军动用了佛罗里达海域附近所有能够动用的舰船和飞机。搜索海域从百慕大到墨西哥湾每一寸海面，结果一无所获。

按常理分析，假如飞机坠入海中，那么起码也应当在海面上留下漂浮的油花等痕迹。然而，什么也没留下，就像什么也没有发生过似的。大海依然那么蔚蓝、那么宁静。

负责搜寻救援的官员沮丧地对上司说:

"天知道发生了什么，我们甚至无法估计可能发生了什么!"

当这件事披露之后，百慕大三角就出了名。随着人们对这片海域的关注，不可思议的飞机失踪事件，就显得越发令人感到恐怖——

1948 年 12 月 27 日 22 点 30 分，一架 DC - 3 型大型民航班机，从旧金山机场起飞，途经百慕大三角上空，地面指挥塔曾听到机长惊诧的话声:

"这是怎么回事? 都在唱圣诞歌吗?"

谁也没有想到这句话里所包含的意味是什么。

28日凌晨4点30分，班机还向机场发过电讯——"接近机场，灯光可见，准备降落。"机场做好了接受着陆的各项准备，可是这架DC－3型班机始终没在机场降落。它在降落前消失了，机组人员和全部乘客当然无一生还。

一分钟前还与机场保持着正常联系，这次失踪仿佛是在一瞬间发生的。就像天空破了个洞，飞机一下掉进洞里而无声无息了。

◎ 航海者的墓地

百慕大三角究竟是一片什么样的海域呢？我们从最早扬帆驶过这片海域的哥伦布的见闻中，也许能窥见500年前这片海域的一些情况。

1502年，哥伦布第四次渡过美洲时，曾途经百慕大三角。这天，哥伦布伫立船头，但见晴空万里，海面平静。突然间，狂风骤起，天昏地暗，几十米高的巨浪像墙一样向船队扑来。水手们齐心协力试图调转航向，但船上所有的导航仪器全部失灵，磁罗盘上的指针不是指着正北方向，而是指向西北方向，偏离6度。船失控了，任随风浪推打。

哥伦布是幸运的，经过几天几夜的颠簸，船总算没有沉没。令他奇怪的是，这场从天而降的风暴结束竟是戛然而止的，风浪说结束就结束，马上就风平浪静了。

哥伦布把这一切详细地写在他的航海日记里。他在给西班牙国王的信中，也谈到这次难忘的经历——当时，浪涛翻滚，一连八九天时间，我们看不到太阳和星辰……我这辈子见过各种风暴，可是从来没遇到过时间这么长，这么狂烈的风暴。

问题在于哥伦布活过来了，他的经历至少说属于那些尚可解释的遭遇。

拓展阅读

哥伦布

意大利航海家，一生从事航海活动。在西班牙国王支持下，先后4次出海远航，开辟了横渡大西洋到美洲的航路，先后到达巴哈马群岛、古巴、海地、多米尼加、特立尼达等岛。在帕里亚湾南岸首次登上美洲大陆；考察了中美洲洪都拉斯到达连湾2000多千米的海岸线；认识了巴拿马地峡。

那么，那些没能活过来的人，他们的遭遇呢？当然，那是一种不可解释的、谁也没看到的经历……

1840年8月，一艘法国帆船"洛查理号"正在百慕大三角航行。这艘船扯着帆，而且风帆饱满，说明它在平静地航行着。令人感到迷惑的是，它好像没有目标似的随风漂浮。人们感到奇怪，便划船靠上去。他们发现船上静悄悄的。上船后才知道，船上空无一人，但货舱里装着的绸缎等货物完整无损，水果仍很新鲜。然而，为什么船上的水手都跑光了呢？没有人能够解答，船上唯一健在的生物，就是一只饿得半死的金丝鸟，可惜它不能说话。

百慕大三角沉船

到底发生了什么，没有人知道，但谁都敢肯定船上肯定发生了一件不可思议的事情。

1872年，这一带海域又发生了一件怪事。

一艘双桅船"玛丽亚·采列斯特号"，在亚速尔群岛以西100海里（1海里≈1.85千米）的地方漂浮。当它被人们发现时，船上又是空无一人，而且船舱的餐桌上还摆着美味佳肴，茶杯里还盛着没喝完的咖啡和水。壁上的挂钟正常地走动，缝纫机台板上还放着装着机油的小瓶子。这一切除了说明这艘船没有遇到风浪之外，丝毫不能解释它的主人为何弃船而去。

1944年，古巴籍的货船"鲁比康号"在同一海域同样出现人去船空的奇案。当人们登上这艘漂浮不定的船时，只有一只狗孤独地躺在甲板上。

1963年，美国籍油轮"玛林·凯恩号"穿过这片海域，航行的第二天，船上的报务员还向岸上通报说："航行正常，位置北纬26度4分，西经73度。"但这是"玛林·凯恩号"传给世界的最后信息，它从此失踪了。谁也无法想象这样一艘装有现代化导航和通讯设备的油轮，竟然连一点油花都没留下，就从这片海域上失踪了。

美国籍货轮"独眼号"是一艘长达542英尺（1英尺＝30.48厘米）、拥有309名水手的巨型货轮。1918年3月，它在巴西装满锰矿砂返回弗吉尼亚的诺福克的途中失踪了。当时天气很好，不存在风浪掀翻船只的可能。有人推测说当时正值第二次世界大战期间，"独眼号"很可能遭德军潜艇的袭击。可是战后人们查阅了德国海军的战时记录，发现当时没有一艘德国潜艇在"独眼号"航线上出现过。如此庞大的一条巨轮，又有无线电通讯设备，它怎么连个"SOS"的信号都没发出就失踪了呢？

广角镜

潜艇

潜艇是既能在水面航行又能潜入水中某一深度进行机动作战的舰艇，也称潜水艇，是海军的主要舰种之一。潜艇在战斗中的主要作用是：对陆上战略目标实施核袭击，摧毁敌方军事、政治、经济中心；消灭运输舰船、破坏敌方海上交通线；攻击大中型水面舰艇和潜艇；执行布雷、侦察、救援等任务。

1935 年 8 月，意大利籍的货轮"莱克斯号"的水手们，亲眼看到美国籍帆船"拉达荷马号"被海浪渐渐吞没。他们奋不顾身地从海上救起了"拉达荷马号"溺水的水手。但 5 天之后，"莱克斯号"的水手们却惊讶地发现，"拉达荷马号"帆船竟然漂浮在海上。这并不是幻觉，因为"莱克斯号"货轮上的水手，连同被他们救起的"拉达荷马号"帆船上的水手，一同登上了"拉达荷马号"帆船。

一艘已经沉没了的船，怎么可能又重新漂游海上呢？人们无法解释。

◎ 究竟谁在这里作怪

既然这里出现如此众多的奇异事件，那么，人们当然要问究竟是什么在这里捣鬼。

1951 年 10 月，一艘巴西的军舰在亚洛尔群岛西南方向的海面上航行，后来船和水兵一起神奇地失踪了。次日，巴西派出飞机和舰船前往找寻，一架水上飞机在海面上搜寻时发现，海面下有一个庞大的黑色物体在飞速前进，而且速度快得惊人。这说明这绝非海底生物，同时庞大的体积又说明，它又非水中的鱼类。在这天夜里和次日凌晨。有人在这一海域看见了一种奇异的极其明亮的光，但谁也无法说清这奇异的物体和光芒从何而来。

从这片魔鬼三角海域侥幸逃脱出来的人，他们的回忆也许能给我们提供一点线索。

美国海难救助公司一位船长说，他有一次从波多黎各返回佛罗里达，途中船上罗盘的指针突然猛烈摆动，虽然柴油机仍在运转，但毫无功率。海浪从四面八方朝船扑来，看不到水平线，船的四面都是浓浓的大雾。他急忙命令轮机手全速前进，终于冲出大雾。奇怪的是这大雾以外的海面浪并不大，也没有雾。水手们都说，这辈子从未见过这种怪事。

恐怖的百慕大三角

1972年9月，美国籍货轮"噩梦号"航行经百慕大三角海域时，突然船上所有的灯都暗了下来，罗盘也失灵了。水手们感到事情不妙，赶紧根据陆地的灯光定向，把船朝西驶去。航行片刻，他们发现船原本是向北行驶，但无论如何他们也纠正不了航向。这时候，天空出现一个庞大的黑色物体，遮住了星星。一道亮光射进这个物体。不久，它又不见了，船也恢复了正常航行。

天空中这个黑色物体和前面说到的水下的那个黑色物体有无联系？或者说，它们是否为同一物体？没有人能够回答。人们只能说：这是耐人寻味的。

显然，这里存在着一股神秘而强大的、看不见的力量。

1977年2月，一架私人水上飞机掠过百慕大三角海域，飞机上的几位朋友正在吃饭，突然发现盘子里的刀叉都变弯了。当时罗盘指针偏转了几十度，他们加速逃离了这个可怕的航区。返航后他们发现，录音机磁带里录下了强烈的海的噪音。

海，怎么能发出噪音呢？

一位老飞行员说了件怪事。一次，他在百慕大三角海域7000米高空做夜间飞行。起初，一切正常。忽然他发现机翼两侧光芒闪闪，他以为是机舱玻璃反光，但反光不可能这么强烈，强光刺得他睁不开眼，连仪表也看不清楚，而飞机亮得像个透明的玻璃物体。他抬起头，觉得天空亮得连星星都看不见了。他赶紧关闭自动操纵杆，改用手操纵着飞机飞行，几分钟后，亮光渐渐消失，一切恢复正常。

夜空中的亮光从何发射而来？老飞行员答不上来。

◎ 永无休止的怪事

1963 年，美国海军在波多黎各东南部的海面下，发现了一个不明物体以极高的速度在潜行。美国海军派出一艘驱逐舰和一艘潜水艇前去追寻。他们追踪了 4 天，还是让那东西跑丢了。这个水下不明物体，不仅航行速快，而且又有奇异的潜水功能，可以下潜至 8000 米以下的深海，令声呐都无法搜捕。人们只看到它有个带螺旋桨的尾巴，而无法窥清其真实面目。

消息披露后，有人估计可能是前苏联的潜艇。然而，美国方面称，以现代的加工制造技术，莫说是前苏联，谁都无法制造这种可高速行驶，又可下潜深海的物体。

广角镜

驱逐舰

驱逐舰是以导弹、鱼雷、舰炮等为主要武器，具有多种作战能力的中型军舰。驱逐舰主要用于攻击潜艇和水面舰船，以及护航、侦察、巡逻、警戒、布雷、袭击岸上目标等，是现代海军舰艇中，用途最广泛、数量最多的舰艇。

1982 年的一天，在百慕大三角海域一条邮轮上出生的一个女孩，具有一身令人吃惊的超人能力。这个具有超能的女孩面部出现异常的特征，脑部发育极为迅速。她的两眼比常人大，并向上斜飞。由于她脑部发育太快，因此前额高高隆起，使头部看起来很像个灯泡。她能够在 15 英尺（1 英尺 =30.48 厘米）范围内用目光移动甚至提取小物件，并能洞悉别人的思维活动，准确度达 9 成。

据了解，这个女孩出生时，她母亲正乘坐在一艘由巴哈马群岛驶往迈阿密的邮船上，航线位于百慕大三角海域。当她出生前 45 分钟时，船上的人都突然产生一种奇异的感觉，心里十分烦躁，坐立不安。女孩的父母相信她的超能和身体的异常变化，都是来自神秘的百慕大三角。

美国佛罗里达州一位 45 岁渔民，于 1996 年 9 月，随渔船到神秘的百慕大三角海域捕鱼，不料遇上大风，渔船沉没。同事们全部罹难，只有他爬上筏子，在大海中漂流了两周后，才遇到过往船只搭救回家。他的妻子对来访问的人说，她的丈夫以前当建筑工人，后来又当渔民，多年来经受日晒雨淋，因此脸上布满皱纹，而且已半秃顶，从外表看起来要比他的真实年龄大上 10 岁。这次他获救后，初时十分虚弱，而且受惊过度，显得更为苍老。但约在一周后，他开始复原，而且显得精力更甚于以前。过不了几天，他的外貌也出现了惊人的变化：脸上原来的皱纹完全消失，头发逐渐长满头顶；同时，他脚踝上的一个疤痕也渐渐消失，整个人看起来就像 20 多岁的青年人一样。

◎ 种种学说

全世界的科学家似乎都不允许百慕大三角的谜继续存在下去。他们运用自己已知的各种知识，来解释发生在百慕大三角的种种怪事。

在各种解释中比较有代表性的是以下 5 种：

（1）磁场说。在百慕大三角出现的各种奇异事件中，罗盘失灵是最常发生的。这使人把它和地磁异常联系在一起。人们还注意到在百慕大三角海域失事的时间多在阴历月初和月中，这是月球对地球潮汐作用最强的时候。

地球的磁场有两磁极，即地磁南极和地磁北极。但它们的位置并不是固定不变的，而是在不断变化中。地磁异常容易造成罗盘失误而使机船迷航。

还有种看法认为，百慕大三角海域的海底有巨大的磁场，它能造成罗盘和仪表失灵。

1943 年，一位名叫裴萨的博士曾在美国海军配合下，做过一次有趣的试验。他们在百慕大三角海域架起两台磁力发生机，输以十几倍的磁力，看会出现什么情况。试验一开始，怪事就出现了。船体周围立刻涌起绿色的烟雾，船和人都消失了。试验结束后。船上的人都受到了某种刺激，有些人经治疗恢复正常。有的人却因此而神经失常。事后，裴萨博士却莫名其妙地自杀了。临死前，他说试验出现的情况与爱因斯坦的相对论有关。他没有留下任何论述，以致连试验的本身也成了一个谜。

（2）黑洞说。黑洞是指天体中那些晚期恒星所具有的高磁场超密度的聚吸现象。它虽看不见，却能吞噬一切物质。不少学者指出，出现在百慕大三角海域机船不留痕迹的失踪事件，颇似宇宙黑洞的现象。

（3）次声说。声音产生于物体的振荡。人所能听到的声音之所以有低浑、尖脆之分，就是由

你知道吗

恒星是运动着的

恒星是由炽热气体组成的，是能自己发光的球状或类球状天体。太阳系的主星太阳就是一颗恒星。恒星距离地球很远，不借助于特殊工具和方法，很难发现它们在天上的位置变化，实际上恒星是不断运动着的。

于物体不同的振荡频率所致。频率低于 20 次/秒的声音是人的耳朵听不见的次声。次声虽听不见，却有极强的破坏力。

百慕大三角海域地形的复杂性，加剧了次声的产生及其强度。波多黎各海岸附近的海底火山爆发、海浪和海温的波动与变化都是产生次声的原因。

（4）水桥说。有人认为百慕大三角海域的海底有一股不同于海面潮水涌动流向的潜流。因为有人在太平洋东南部的圣大杜岛沿海，发现了在百慕大三角失踪船只的残骸。当然只有这股潜流才能把这船的残骸推到圣大杜岛来。当上下两股潮流发生冲突时，就是海难产生的时候。而海难发生之后，那些船的残骸又被那股潜流拖到远处，这就是为什么在失事现场找不到失事船只的原因了。

（5）晴空湍流说。晴空湍流是一种极特殊的风。这种风产生于高空，当风速达到一定强度时，便会产生风向的角度改变的现象。这种突如其来的风速方向改变，常常又伴随着次声的出现，这又称"气穴"。航行的飞机碰上它便会激烈震颤。当然严重的时候，飞机就会被它撕得粉碎。

可惜，这些仅仅是假说而已，而且每一种假说只能解释某种现象，而无法彻底解开百慕大三角之谜。何况，除了飞机和船只无端失踪之外，百慕大三角海底和海面还有一些令人难以置信的怪事呢！

◎百慕大三角新探

宇宙中常发生我们还不能认识的现象。100 多年来，各国媒体对百慕大三角的异常现象有种种说法。有的研究者认为，在这个神秘的区域有一种强大的大气激光在作祟。

有的学者则说，那里有一种突发性的磁场在起作用。还有的把反常现象的出现与所谓来地球造访、潜入海底的外星人联系起来，说他们掌握了强大的激光，凡进入该激光作用场的人要么死亡，要么就受到"第四维"即时间隧道的制约。

过去的飞行员：现亚利桑那州立大学研究员洛易林斯·库谢写道：美国C－119 大型军用飞机在百慕大三角海域失踪的那些日子，"泽米尼－Ⅳ号"宇宙飞船正在轨道上飞行，宇航员詹姆斯·迈克和副手爱德华·怀特曾发现一个带抓钩状设备的不明飞行物。他们当时就把它摄录下来。对录像带的研究表明，他们发现的不明飞行物与常见的人造卫星毫无共同之处。当时谁也说不清，宇航员遇到的究竟是何物。长期以来，不明飞行物，吞食飞机、轮船的海水已经成了百慕大三角的特有现象，事实是否如此呢？

有一点是确定无疑的：百慕大三角海域情况异常，十分危险。不过对异常的原因，俄罗斯学者、发明家柯洛维亚科夫另有解释。

知识小链接

地 核

地核是地球的核心部分，主要由铁、镍元素组成，半径约 3480 千米。地核又分为外地核和内地核两部分。地核占地球总质量的 16%，地幔占 83%，而与人们关系最密切的地壳，仅占 1% 而已。

这种解释与"第四维"即时间隧道有关。根据柯洛维亚科夫假说，地核并非处于地球中央。受太阳、月亮和其他星球引力的影响，也处在不停的运动中。地核旋转犹如在地壳下面滚动一样，会引起地壳与地核之间岩浆的逆向流动，结果就产生了电磁场。此外，由于地球旋转轴的倾斜，地核会上下移动：夏天在北半球，冬天就移到南半球。因此，地核的赤道与地球的赤道就不吻合，相差有 28 个纬度。而这个区域恰恰就是岩浆流的改向口。

柯洛维亚科夫把地核赤道"定"于 28 度纬线，正是在这一区域大自然设下了许多神秘的陷阱。这一区域处于地球赤道以北 5 度、以南 5 度范围之内。如果利用想象力把它们用直线连接起来，那么我们眼前就会出现两个正五角形。五角形的顶点就是陷阱所在地点。在那里船只和飞机会消失得无影无踪；在那里失而复现的船只要么空无一人，要么载着全体航员的尸体。百慕大三角就是这些陷阱中的一个。

我们假设，地核开始向南移动。由于自身的巨大质量，它也像地壳一样具有自己的引力场。在地壳与地核旋转的同时，即共同构成地球唯一的力场。此时，地球表面就不会发生重大的异常。

但当地核向另一极移动时，或说地核的旋转与地壳不吻合时，地面上就出现异常：由于相反的力的作用。像平静湖泊水中突然冒出一股激流那样，地壳下软流的岩浆就开始像湖水旋涡似的环绕上涨，竭尽全力要把沉睡的地壳搅个地覆天翻。这就是引力旋涡。

柯洛维亚科夫认为，百慕大三角之谜的谜底就在于此。在旋涡发作出壳区，光和无线电波的出入口都被封死。谁也不能接收受难者的无线电讯号，谁也不能看到探照灯的灯光。陷入旋涡中心的船只必然失去行驶能力，束手无策，最终沉没。从百慕大三角中心区复出的船只，通常船员和乘客都无影无踪。

在这种灾难中，每个活细胞都会积累巨大的能量，而这些能量最终会把细胞毁掉。能量积累的大小取决于船只运动的方向。在逆旋涡行驶时，能量最大，人必死无疑。而且人在死亡前还会经受难以忍受的突发剧痛。

当船只航向与旋涡旋转的方向吻合时，疼痛只会缓慢增加，直到人失去知觉。离旋涡中心越远，这种可怕的力量就越弱。在其外围，人们通常只会发现仪表失常。船只和飞机若与旋涡同向，还会获得额外的速度，提前到达预定点。

柯洛维亚科夫肯定，引力旋涡造成的危害不仅在水下，而且也存在于空中。它的临界高度 11 ~ 12 千米。他计算出地球某些地区不宜飞行的日期，还制造出分成扇面的地球仪。此地球仪能帮助进入异常区域的海洋船只、飞机摆脱神秘陷阱。

大西洲

世界文明史上最大的谜，是关于大西洲的。

公元前 4 世纪，柏拉图在他的两本对话集《蒂迈乌斯篇》和《克里提亚斯篇》里，描绘了一个有关大西洲的故事：在古代，海峡彼岸有岛，岛名叫亚特兰提斯。海神波塞冬把它赐给了大儿子大西，大西在岛上建起了大西国。于是，人们便把这个岛屿称作大西洲，把周围的海叫大西洋。

曾经的大西洲

◎ 一夜沉没的大西洲

柏拉图在书中描述：大西洲是一座副热带岛屿，方圆 39.88 万平方千米，人口估计有 2000 万。岛的北部，崇山峻岭绵延不断，形成一座天然屏障。

在公元前 1.2 万年左右，大西国到了鼎盛时期，当时政通人和，风调雨顺，很快成了世界文明的中心。

柏拉图还对岛国的风土做了进一步的描绘：大西洲面积比小亚细亚和利比亚之和还大。那里土地肥沃、矿产丰富，人们会冶炼、耕作、建筑。那里道路四通八达，运河纵横交错，贸易往来

广角镜

柏拉图

柏拉图（前 427—前 347 年），古希腊伟大的哲学家，也是全部西方哲学乃至整个西方文化最伟大的哲学家和思想家之一。他和他的老师苏格拉底，学生亚里士多德并称为古希腊三大哲学家。

十分发达。为了攫取更多的财富，他们四处扩张，有强大的船队，曾经征服了包括埃及在内的地中海沿岸大片区域。

不料，灾难降临了。

大西洲遇到了飞来横祸，一场毁灭性的地震和随之扑天盖地而来的海啸，使整个大西洲载着都市、道路、运河及全体国民，在一夜之间沉陷海底，消失得无影无踪了。

历史上真的有这么一个大西洲吗？那么它又是怎样神秘失踪的呢？

柏拉图去世 300 年以后，另一位希腊学者德拉托尔偶然发现了一块石碑，碑上清清楚楚地记述了大西洲上发生的一切，这似乎证明柏拉图所说的并非空穴来风。可是，谁又能证明，柏拉图所描写的都是事实呢？

◎ 海底的发现

2000 多年来，柏拉图的叙述一直吸引着人们去努力探索大西洲的秘密。人们一直想弄明白，世界上究竟存在过大西洲吗？究竟是什么力量使得大西洲在一夜之间沉入海底？

世界上究竟存在过大西洲吗？

对于这一点，一些科学家坚信不疑。

1882 年，美国科学家唐纳利在一本名叫《大西洲：大洪水前的世界》的书中写道，大西洲确实存在，它是大西洋上的一个海岛，是世界文明的最早发祥地之一。

唐纳利对欧洲和美洲的动植物以及化石做了大量比较，发现在大西洋两岸均出现了骆驼、穴熊、猛犸和麝牛的化石；埃及的金字塔和墨西哥、秘鲁的金字塔极其相似；西班牙的巴斯克人和南美的玛雅人都是鹰钩鼻，而且所使用的松土泥鳅也一模一样……凡此种种，证明了世界上曾经有过一个联系欧洲、美洲和非洲的大陆。

继唐纳利之后，不少科学家也得出了与之相同的结论。比如，科学家在考察了欧洲鳗鱼的洄游习惯以后，发现欧洲鳗鱼在洄游时从马尾藻海出发，远涉重洋到欧洲，然后再重返马尾藻海产卵繁殖。鳗鱼为什么要辛辛苦苦兜那么大一个圈子，然后回到出发地点再产卵呢？科学家们解释，这是因为当时大西洲离马尾藻海最近，岛上的淡水河流为鳗鱼提供了免遭敌害袭击的场所，于是它们纷纷游到岛上去避难。天长日久，形成习惯。当大西洲沉没之后，鳗鱼仍像往常一样去寻找大西洲，不知不觉游到了欧洲。

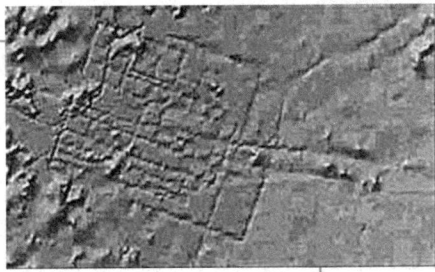

大西洲海底遗址

1898 年，人们在铺设欧美海底电缆时，又在亚速尔群岛周围海域发现了一块海底高地，高地的大小、形状都十分像柏拉图笔下的大西洲。勘探人员取出了一些岩石，送到科研中心鉴定，证明这一带海域在 10000 年之前确实是一片陆地。

知识小链接

洄　游

洄游是鱼类运动的一种特殊形式，是一些鱼类的主动、定期、定向、集群的水平移动。洄游是长期以来鱼类对外界环境条件变化的适应结果，也是鱼类内部生理变化发展到一定程度，对外界刺激的一种必然反应。

1968 年，人们在巴哈马一带海域的水面下发现了 1600 米长的城墙和底边 300 米、高 200 米的金字塔。1974 年，前苏联的一艘海洋考察船又在这一带拍摄到许多海底照片。照片上清晰显示有许多古代建筑的断墙残垣以及从墙缝中长出的海藻。

这一切都似乎证实了大西洲的真实存在。如果，真的存在大西洲，那又是什么力量使之一夜沉没呢？

◎ 毁灭的原因

美国科学家唐纳利同意柏拉图的观点，他认为是由于地震、火山爆发和扑天而来的海啸吞没了这块大陆。

一位叫邱奇沃德的科学家则认为，大西洲的沉没是地球气体的作用。他说，地球内部有无数蜂巢状的空穴，空穴里充满极易爆炸的火山气体。当火山气体逐渐进入大气，地壳便变得很薄，最后塌了下去。大西洲就是这样塌陷下去的。

广角镜

小行星

小行星是太阳系内类似行星环绕太阳运动，但体积和质量比行星小得多的天体。太阳系中大部分小行星的运行轨道在火星和木星之间，称为小行星带。另外在海王星以外也分布有小行星，这片地带称为柯伊伯带。

在各种设想中，德国科学家麦克的小行星毁灭学说最引人注目。1930 年，科学家们发现在南卡罗来纳州的地面上有 3000 多个圆形或椭圆形的洞口，这些洞口似乎来自天空某种袭击留下的痕迹。接着，又在波多黎各附近的海底，发现了两个深达 10000 米，方圆 72 万平方千米的凹陷地带。鉴于此，麦克提出了他的学说：大约 10000 年以前，一颗直径约为 10 千米的小行星突然脱离了自己的运行轨道。它以雷霆万钧之势扑向地球，在到达离地面 400 千米的空中时，小行星开始燃烧，拖着 40 千米左右长的火焰继续朝地球冲来。不到两分钟的时间，一声惊天动地的巨响，小行星被炸成许多碎片，两块重达上万亿吨的大碎片，把大西洋撞出两个大坑，形成了波多黎各海底的那两个凹陷地带。别的碎片则把这一带的地面撞得千疮百孔，引起了火山爆发、地震和海啸，不到一昼夜，大西洲沉入了海底。海面上只露出熔岩覆盖的火山堆。它们就是今天的亚速尔群岛和巴哈马群岛。

尽管设想众多，也还有不少人对大西洲的存在持否定态度。他们指出，既然柏拉图提到大西洲当时已经具有高度文明，已经懂得使用金、银、铜制品，那为什么到目前为止，考古学家仍然没有找到这方面的证据。还有，如果大西洲的确存在，那么一些商品比如陶器、大理石雕刻、戒指和其他装饰品必然会随商品贸易散落到邻近地区。可人们至今尚未找到大西洲的任何遗物。而且根据大陆漂移学说，现有的大陆都能巧妙地吻合接在一起，拼完之后，就没有大西洲的立足之地了。

关于大西洲的争论，不管结果如何，至少有一点可以肯定，那就是人类对未知事物的这种执着的探索和追求精神，是永远值得提倡的。

▶ 海 鸣

海鸣就是海洋发出的鸣响声。惊涛拍岸的轰响，地震和火山引起的喧啸，以及鱼类和其他海洋生物发出的声音都属海鸣。可是，有些地方发生的海鸣，其原因却难以弄清。

广东省湛江硇洲岛东南海面，每当风云突变，天气异常，或风暴即将来临时，海面上就会发出一阵阵有节奏的"呜、呜、呜"的声响。这声音犹如闷雷，一高一低，错落有致。当地人对这声响甚感惊奇，但谁也弄不清它来自何处。当地流传着这样一个说法：这种海鸣是沉放在海中的"水鼓"发出的。"水鼓"是很久以前建造硇洲岛国际灯塔时法国人放置的。有人猜测"水鼓"是用作海上气象预报的。但也有人认为，"水鼓"是一种海况探测报警器，随时向人们发出风流变异的信息。可谁也没见过"水鼓"的模样，更不知它放在哪里。有关部门曾专门派出船只到硇洲岛东南一带海域巡视搜索，结果却一无所获。

1969年，人们曾在硇洲岛海域发现过一群海兽在游动，有人说是海牛。于是有人提出，奇怪的海鸣是海牛的嚎叫。可能是海牛预感到天气或海况即将变坏而烦躁不安所发出的叫声，也可能是海牛游动过程中相互联络的信号。

1976年以后，硇洲岛东南海面上的海鸣之声比以往逐渐减弱。持"水鼓说"的人认为，这是"水鼓"年久失修，功能减退的结果；持"海牛说"的人认为，海鸣减弱是因为近年来人们在这一带海域活动明显增加，影响了海牛的正常活动和生活，使海牛迁徙到别处去的结果。看来，硇洲岛东南海面上海鸣的起因至今仍无定论。这个奥秘有待进一步探索。

▶ 海 火

海洋是地球上占地面积最大的区域。海洋是阳刚的，狂野的，当它咆哮时掀起万丈波澜；海洋又是神奇的，难以捉摸的，在岁月的长河中它涌现出了许多难解的谜团，例如奇异的海火现象。

1975 年 9 月，在中国江苏省近海朗家沙一带，海面上出现了奇怪的亮光，随着波浪的起伏，就像燃烧的火焰那样翻腾不息，一直到天亮才逐渐消失。第二天夜晚，亮光再次出现，而且亮度较前日加大。以后每日夜晚，亮度逐渐加大。到第七天，海面上涌出很多泡沫，当渔船驶过时，激起的水流明亮异常，如同灯光照耀，水中还有珍珠般闪闪发光的颗粒。这种海水发光现象被称为海火，常出现在地震或海啸之后。

海火是怎样产生的？一般认为，这与海里的发光生物有关。水里的发光生物因受到扰动而发光，是早为人们所熟知的现象。这些生物种类繁多，除甲藻外，还有许多细菌和放射虫、水螅、水母、鞭毛虫以及一些甲壳类、多毛类等小动物。因此，人们推测，当海水受到地震或海啸的剧烈震荡时，便会刺激这些生物，使它们发出异常的亮火——海火。

拓展阅读

放射虫

放射虫是具有轴伪足的海生单细胞浮游生物，属原生动物门辐足纲放射虫亚纲。形体微小，一般直径为 0.1～0.5 毫米，少数可超过 1 毫米。细胞内有一中心囊，分细胞质为囊外、囊内部分。伪足从囊外部分伸出。

美国一些学者对圆柱形的花岗岩、玄武岩、煤、大理岩等多种岩石试样进行压缩破裂实验时发现：当压力足够大时，这些试样会产生爆炸性碎裂，并在几毫秒内释放出一股电子流，电子流激发周围气体分子发出微光。如果把样品放在水中，则碎裂时产生的电子流能使水发光。当强烈地震发生时，广泛出现的岩石爆裂，足以发出使人感到炫目耀眼的亮光。所以，他们认为，海火的产生与这种机制有关。

那么，海火到底是发光生物所致，还是电流机制形成的呢？这还需要科学家们去研究。

▶ 海底浓烟

1979 年 3 月，美国海洋学家巴勒带领一批科学家对墨西哥西面北纬 21 度的太平洋进行了一次水下考察。当科学家们乘坐的深水潜艇"阿尔文"号渐渐接近海底时，透过潜艇的舷窗，他们看到了浓雾弥漫下的一根根高达六七米的粗大的烟囱般的石柱顶口喷发出滚滚浓烟。"阿尔文"号向浓烟靠近，并将温度探测器伸进浓烟中。一看测试结果，科学家们不禁吓了一跳：原来这里的温度竟高达近千摄氏度。

经过仔细观察，他们发现浓烟原来是一种金属热液"喷泉"。当它遇到寒冷的海水时，便立刻凝结出铜、铁、锌等硫化物，并沉淀在"烟囱"的周围，堆成小丘。他们还注意到，在这些温度很高的喷口周围，竟形成了一种特殊的生存环境，这里就像是沙漠中的绿洲，生活着许多贝类、蠕虫类和其他动物群落。

巴勒等人的发现，引起了科学界的极大兴趣。美国密执安大学的奥温认为，这种海底"喷泉"可能与地球气候的变化有着密切的联系。

奥温在研究了从东太平洋海底获取的沉积物和岩样以后，发现在 2000 万～5000 万年前的沉积物中，铁的含量为现在的 5～10 倍，钙的含量则为现在的 3 倍。为什么沉积物中钙、铁等的含量这样高？奥温认为这可能与海底"喷泉"活动的增强有关。

据此，奥温又进一步认为，当海底"喷泉"活动增强时，所喷出的物质与海水中的硫酸氢钙发生反应，释放出二氧化碳。已知现在的海底"喷泉"提供给大气的二氧化碳，占大气中二氧化碳自然来源的 14%～22%。因此，当钙的析出量为现在的 3 倍时，大气中二氧化碳的含量必将大大增加。估计相当于现在的 1 倍。众所周知，二氧化碳含量的增加，将会产生明显的温室

海底浓烟

效应，从而使全球的气温普遍升高，以致极地地区也出现温暖的气候。

在海底浓烟中还隐藏着什么秘密呢？人们期待着科学家能有新的发现。

◤⊙ 海底坟墓

1980 年，在挪威沿海的一个半岛上，进行了一场高难度的悬崖跳水表演。这个半岛三面环水，一面是山，悬崖下的海水深不可测。许多猎奇者为了观看表演，纷纷来到这里，坐在游艇上，等候着表演开始。随着发令枪响，30 名跳水运动员飞下悬崖，做着各种空中动作，钻进了大海之中。观看者目不转睛地欣赏着运动员的精彩表演。可是，几分钟过去了，半小时过去了，却不见有人露出水面。人们大为惊慌，运动员的亲属悲伤地哭了。表演的组织者派出救生船和潜水员寻找运动员，可是过了几个小时，连下海救生的潜水员也无影无踪了。

第二天，一名经验丰富的潜水员佩带安全绳和通气管下海探索。当安全绳下到 5 米时，一股强大的力量将潜水员、安全绳和通气管以及船上的潜水救护装置全都拖进海底。表演的组织者又向瑞典抢险救生部门求援，一艘瑞典的微型探察潜艇来到这里。令人难以置信的是，这艘微型潜艇入海后也是一去不返。

在万般无奈的情况下，请求美国派来了一艘海底潜水调查船，并由地质学家豪克孙主持调查工作。豪克孙在电视监视器前不停地搜索着海底。突然，他发现离船不远处有一股强大的潜流，在潜流中不仅发现了 30 名运动员，2 名潜水员的尸体和那艘微型潜艇，而且还发现海底有不少脚上拴有铁链的人的尸体。

知识小链接

潜　流

潜流就是潜水水流，或叫浅层地下水水流，也叫地下径流。通常把埋藏在地面以下第一个不透水层上面的含水层，并且有自由水面的地下水叫潜水。它在重力作用下，沿着它的水力坡降自高处向低处作水平方向流动，这种能流动的地下水就叫潜流。

豪克孙大为惊讶，他不敢相信自己的眼睛，但监视器录像机也录下了这一奇景。是什么原因导致运动员和潜水员不能返回水面而被淹死？那些脚上拴着铁链的尸体是从哪里来的？他们是什么人？他们的尸体为什么没有腐烂？这些奇异现象成了难解之谜。人们议论纷纷，莫衷一是。

豪克孙经过调查以后提出了自己的一些看法。他认为这里是暖流和寒流的交汇处，因而形成了一股强大的旋涡，把附近的人和物体都卷入涡心，带到水下。这里水质纯净，不具备各种生物所需要的微量元素，所以尸体未腐烂。至于那些脚上拴着铁链的尸体的来由，豪克孙认为，这个半岛曾经是一座大监狱，监狱看守们不断将死去的犯人投入海底，逐渐聚积了许多尸体。豪克孙还认为，半岛上的岩石能产生一种看不见的射线，使这里寸草不生，这可能是这座大监狱被遗弃的原因。但究竟是一种什么射线，豪克孙也没有搞清楚。

拓展阅读

人体内的微量元素

人体是由 60 多种元素所组成。根据元素在人体内的含量不同，可分为宏量元素和微量元素两大类。凡是占人体总重量的 0.01% 以上的元素，如碳、氢、氧、氮、钙、磷、镁、钠等，称为宏量元素；凡是占人体总重量的 0.01% 以下的元素，如铁、锌、铜、锰、铬、硒、钼、钴、氟等，称为微量元素。

这只是豪克孙的一家之言。别的学者也有他们各自的见解。要把海底坟墓之谜揭开，还要进行大量的调查和研究。

海底下沉

众所周知，海洋中最深的地方是海沟，它们的深度都在 6000 米以上。海沟附近发生的地震是十分强烈的。据统计，全球 80% 的地震都集中在太平洋周围的海沟及其附近的大陆和群岛区。这些地震每年释放出的能量，可与爆炸 10 万颗原子弹相比。有趣的是，海沟附近发生的都是浅源地震。向着大陆方向，震源的深度逐渐变大，最大深度可达 700 千米左右。把这些地震源排列起来，便构成一个从海沟向大陆一侧倾斜下去的斜面。

1932 年，荷兰人曼纳兹利用潜水艇测定海沟的重力。发现海沟地带的重力值特别低。这个结果使他迷惑不解，因为根据地块漂浮的地壳均衡原理，重力过小的地壳块体应当向上浮起，而实际上海沟却是如此的幽深。经过一番研究，曼纳兹认为，可能是海沟地区受到地球内部一股十分强大的拉力的作用，所以才有下沉的趋势，从而形成幽深的海沟。

20 世纪 60 年代，人们认识到大洋中脊顶部是新洋壳不断生长的地方。在中脊顶部每年都要长出几厘米宽的新洋底条带（面积约 3 平方千米），而地球表面面积却并没有逐年增大，可见，每年必定有等量的洋底地壳在别的什么地方被破坏消失了。地球科学家发现，在 100～200 千米厚的坚硬岩石圈之下，是炽热、柔软的软流圈，在那里不可能发生地震。之所以有中、深源地震，正是坚硬岩石圈板块下插进软流圈中的缘故。这些中、深源地震就发生在尚未软化的下插板块之中。海沟地带两侧板块相互冲撞，从而激起了全球最频繁、最强烈的地震。也正因为洋底板块沿海沟向下沉潜，才造成了如此深的海沟。通过以上分析，可以看出曼纳兹的结论是有道理的。

知识小链接

大洋中脊

大洋中脊为洋中脊、中隆或中央海岭，为地球上最长、最宽的环球性洋中山系。在太平洋，其位置偏东，称东太平洋海隆（海岭）。大西洋中脊呈 "S" 形，与两岸近于平行，向北可延伸至北冰洋。印度洋中脊分 3 支，呈 "入" 字形。

那么，是什么力量导致洋底板块俯冲潜入地下的呢？日本学者上田诚也等人认为，洋底岩石圈密度较大，其下的软流圈密度偏低，所以洋底岩石圈板块易于沉入软流圈中。俯冲过程中，随着温度、压力升高，岩石圈发生变化，密度还会进一步增大。这就好比桌布下垂的一角浸在一桶水中，变重了的湿桌布可能把整块桌布拉向水桶。海沟总长度最长的太平洋板块在全球板块中具有最高的运动速度，上田诚也等人据此认为海沟处下插板块的下沉拖拉作用可能是板块运动的重要驱动力。如果确实如此，洋底板块理应遭受扩张应力作用，而近年来的测量发现，洋底板块内部却是挤压应力占优势。这一事实对于重力下沉的说法是个不小的打击。

另有一些学者提出地幔物质对流作用的观点，认为大洋中脊位于地幔上升流区，海沟则处在下降流区，正是汇聚下沉的地幔流把洋底板块拉到地幔中去的。这一看法与上述曼纳兹的见解是一脉相承的。但是，目前我们还缺乏地幔对流的直接证据。也有一些学者强调地幔物质黏度太高。很难发生对流。

对于海底为什么会下潜的问题，科学家们仍在积极地进行研究探索。

◆ 海底 "风暴"

几年前，科学家们在美国东北部大西洋沿岸的诺瓦斯科特亚南部海域考察时，有两件事使他们大为吃惊：①从5000米深的海底采集上来的海水，竟混浊得漆黑一团，其混浊程度比一般大洋高出100倍；②从海底拍摄的照片上可以看出，在平坦的海底沉积物表面出现了一道道有规则的波纹，犹如一阵大风刚刚刮过，水面留下了一片涟漪。在通常是非常平静的深海世界里，出现这种奇异的现象，实在令人费解。

莫非在深海下也出现了"风暴"？为了查明原因，美国的海洋学家和地质学家在诺瓦斯科特亚南部海域进行了一次名为"赫伯尔实验"的科学考察。这次考察采集了海底水样，拍摄了海底照片，测量了海水透明度，并在海底设置了一连串的自记洋流计，对底层洋流进行了长时间的连续测量。

科学家们在"赫伯尔实验"期间又采到了混浊的水样，再次表明实验地区底层海水的扰动确实异常强烈。还发现这里海水的混浊程度随地点、时间变化很大，越靠近海底海水混浊度越大；有一个地点海水非常混浊，可是一个星期后又突然变清了。

实验中还发现这里的海水透明度的变化也很大。有一架透明度仪观察到3次极端黑暗期，每次持续3~5天，黑暗程度达到伸手不见五指，比世界上任何河口、港湾的海水都混。

科学家们认为，这是由于有一股 1 千米长的沉积物"云雾"状潜流在海底滚滚奔腾的结果。它犹如刮起的一股海底"风暴"，非常地猛烈，将海底沉积物刮起，使海水变得异常混浊。但是，这股深海潜流为什么如此激烈呢？

有的海洋学家认为，这是从附近流来的一支强大的洋流——墨西哥湾暖流左右摆动的结果；另一些海洋学家认为，该海区有一南一北走向的海底隆起，这种上下起伏的地方，使深海水激烈地扰动；还有一些科学家指出，在"赫伯尔实验"区域的南部有水下死火山山脉，这种海底起伏也能够改变洋流方向，形成剧烈的旋涡。科学家们的说法不一，有关这支深海潜流产生的原因，仍是一个有待揭示的自然之谜。

▶ 无底洞

地球上是否真的存在"无底洞"？按说地球是圆的，由地壳、地幔和地核 3 层组成，真正的"无底洞"是不应该存在的，我们所看到的各种山洞、裂口、裂缝，甚至火山口，也都只是地壳浅部的一种形态。

然而我国一些古籍却多次提到海外有个神秘莫测的无底洞。《山海经》记载："东海之外有大壑"。《列子·汤问》："渤海之东，不知几亿万里，有大壑焉。"

事实上地球上确实有这样一个"无底洞"。它位于希腊亚各斯古城的海滨。由于濒临大海，在涨潮时，汹涌的海水便会排山倒海般地涌入洞中。据测，每天流入洞内的海水量达 3000 万千克。奇怪的是，如此大量的海水灌入洞中，却从来没有把洞灌满。有人怀疑它有一个出口。然而从 20 世纪 30 年代以来，人们作了许多努力，企图寻找它的出口，却都失败了。

为了揭开其中的秘密，1958 年美国地理学会派出一支考察队。他们把一种经久不变的深色颜料溶解在海水里。这种颜料随河水灌入"无底洞"中。接着他们又查看了附近海面以及岛屿上的河流、湖泊，满怀希望地去寻找这种带颜色的海水，可结果令他们非常失望。难道是海水量太大把颜料稀释得太淡，以致人们无法发现？

几年后，美国人又进行了一种新的试验。他们制造了一种浅玫瑰色的塑料小粒。这是一种比水略轻，能浮在水上不沉底，又不会被水溶解的塑料粒子。试验者把130千克重的这种肩负特殊使命的物质，全部掷入到打旋的海水里。片刻，这些小塑料粒就像一个整体，全部被无底洞吞没。试验者想，只要有一粒在别的地方冒出来，就可以找到"无底洞"的出口了。然而他们在各地水域整整搜寻了一年多时间，仍一无所获。

至今谁也不知道为什么这里的海水没完没了地"漏"下去。每天大量的海水究竟都流到哪里去了呢？

海底峡谷

在大洋边缘的大陆架和大陆坡上，人们经常会发现坡度陡峭、极其壮观的海底峡谷。那么，海底峡谷是怎样形成的呢？

有人认为，海底峡谷是由地震引起的海啸侵蚀海底而成的。可是，在没有海啸的地区也发现有海底峡谷，可见，海啸之说不能用来解释所有海底峡谷的成因。

海蚀说的拥护者认为这些海底峡谷所在的海底过去曾经是陆地。河流剥蚀出的陆上峡谷后来

拓展阅读

大陆架

大陆架又叫"陆棚"或"大陆浅滩"。大陆架含义在国际法上，指邻接一国海岸但在领海以外的一定区域的海床和底土。大陆架有丰富的矿藏和海洋资源，已发现的有石油、煤、天然气、铜、铁等20多种矿产，其中已探明的石油储量是整个地球石油储量的三分之一。

由于地壳下沉或海面上升，才被淹没于波涛之下成为海底峡谷。日本学者星野通平就认为历史上海平面曾一度比现今低数千米，大陆架和大陆坡那时均是陆地。不过，现代地质学研究表明，全球海平面大起大落幅度达数千米，

是根本不可能的。至于某些大陆架、大陆坡区地壳大幅度升降的说法，倒是可以接受的，但海底峡谷也广泛见于地壳运动平静的构造稳定区，所以陆上峡谷被淹没的说法不能作为海底峡谷的普遍成因。

1885 年，科学家发现，富含泥沙的罗纳河河水注入清澈的湖水之下，沿湖底顺坡下流。以后科学界把这种高密度的水流称作浊流。1936 年，美国学者德利在阅读一篇描述日内瓦湖浊流现象的文章时，猛然意识到，海底峡谷很可能就是由海底浊流开拓出来的。携带大量泥沙，沿海底斜坡奔腾而下的浊流，应具有强大的侵蚀能力。不过，当时还从未有人观察过海底蚀流现象，所以人们对这一说法仍然将信将疑。

拓展阅读

大陆坡

大陆坡介于大陆架和大洋底之间。大陆架是大陆的一部分，大洋底是真正的海底，因而大陆坡是联系海陆的桥梁。它一头连接着陆地的边缘，一头连接着海洋。大陆坡分布在水深 200～2000 米的海底，上层以花岗岩为主。

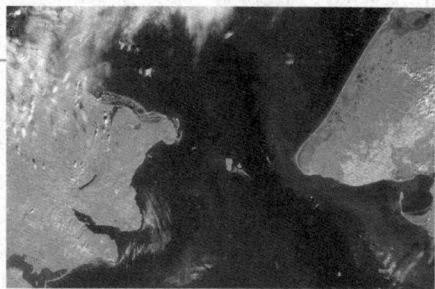

海底峡谷

到了 20 世纪 50 年代，海洋地质学界通过深入研究，得出浊流具有强大的侵蚀能力的结论。1952 年，美国海洋学家希曾等人研究了 1929 年纽芬兰岸外海底电缆在一昼夜间沿陆坡向下依次折断的事件，判定肇事者正是强大的海底浊流。希曾等人还根据海底电缆依次折断的时间，推算出这股浊流在坡度最大处流速高达 28 米/秒，在到达水深 6000 米的深海平原时，流速仍有 4 米/秒，自陆坡至深海洋底浊流长驱达数千里之遥。这以后，海底浊流的存在逐渐为广大学者所接受。

海底浊流虽有较强的侵蚀能力，但海底峡谷的规模太大了，光靠浊流能否切割出深达数百米乃至数千米的海底峡谷，对此，一些学者仍表示怀疑。

海底峡谷究竟是什么原因造成的，还需要海洋地质学家进一步地研究探索。

俄勒冈旋涡

在美国俄勒冈州格兰特峡谷外、沙甸河一带，有一个方圆仅 50 平方米的怪异的地方，被称为"俄勒冈旋涡"。这里有一座古旧的木屋，其歪斜程度犹如比萨斜塔。走进木屋，会感到有一种巨大的拉力把你往下拉，就像是地心引力突然加强了。如果往后退，还会感到有一只无形的手将你拉向木屋中心。

俄勒冈旋涡

一到"俄勒冈旋涡"，马会本能地回避，飞鸟也会突然地回头下垂，树干则倾向北极。

许多科学家对"俄勒冈旋涡"进行过长时间考察，试图解开这个谜。他们用铁链连着一个 13 千米的钢球，把它吊在木屋的横梁上，这个钢球明显地违背了重力定律，倾斜成某个角度，晃向"旋涡"中心。你可以轻易地把钢球推向"旋涡"中心，但要把它向外推却很难。

"俄勒冈旋涡"的力量确实存在，但这究竟是什么力量？如何产生的？人们不得而知。

无独有偶，在美国加利福尼亚州蒙特雷湾北岸圣克鲁斯市附近也有块不大的异常地带，飞机从它上空飞过时，所有表盘的指示器都瞬间失灵。这里生长的树木，都朝同一方向倾斜。自从它在 1940 年被发现之后，不少游客和科学家都涌来参观和研究。这里也有一个倾斜欲倒的小屋，进屋的人都打破了地心引力而倾斜站立，人可以倾斜 45 度站立而不会倒下。屋的一角斜放着一块板，形成一个斜坡道，将一只球放在坡道的高端，那球却并不向低端滚落，而保持静止，若将球推下去，它顺坡滚动，还未滚到最底端就回头往上爬，直到顶端又停止不动。在这里，正常的人会感到头晕难以适应。

知识小链接

地心引力

一切有质量的物体之间都会产生互相吸引的作用力，地球对其他物体的这种作用力就是地心引力。其他物体所受到的地心引力方向向着地心。地心引力是由于地球自转造成的。

在世界各地还有一些地方有类似"俄勒冈旋涡"的现象。在乌拉圭的温泉疗养区巴列纳角，也有一块异常区，汽车开到这里如停住，会有一种奇特的力量推动车辆继续前进，上坡爬行几米才刹住，平坦路段则自动滑行几十米。

美国犹他州有一条"重力之山"的斜坡道。通过这段斜坡的公路长约500米，若驱车而下，在半途刹住车，车子竟然会慢慢后退，像被一股无形的力量拽着，硬是往坡顶爬去。但婴儿车、篮球等从坡顶放下去，都是一滚到底，从未出现往坡顶倒爬的现象。经过无数次的实验证明，质量越大的物体越容易往坡上爬，质量过轻就不能产生这种效应。

以上这些现象说明，我们地心引力说在某些地区是有区别的，地心引力在地球的各处分布是怎样的？这个引力的结构与各处地心的结构有怎样的内在关联？我们对此还知之甚少。

▶ 神秘 "黑潮"

在大西洋的广阔海域，不断涌现出许多难解的谜团，困扰着世界各国众多的海洋科学家们。

前几年，法国的海洋科学考察船"巴米罗亚号"。在大西洋亚速尔群岛海域发现一股股从洋底冲上来的巨大"黑潮"。这一股股"黑潮"像我国写毛笔字的黑墨汁一样流向千里以外的法国海岸。经科学家们化验，这黑水里面充满着一些地球上很少见到的稀有金属。"巴米罗亚号"上的科学家们探测到，这一股股"黑潮"是从3000米深度的大洋底部冲上来的。这难道是地球内部吐出来的"呕吐物"吗？

为了揭开这神秘"黑潮"的谜团，法国派出"诺蒂尔克号"深水探测器，美国派出了"尔河文号"世界最深海洋探测器，在1998年7月一起来到亚速尔群岛海域。

"尔河文号"由美国著名海洋科学家斯文蒂尔教授和法国海洋科学研究所负责人伊夫·富凯博士共同驾驶。当他们下潜到1000米时，海水的四周如同起了"大雾"一样，在最强的光线下看不清10米以外的东西。他们认为"这肯定是迄今为止在大西洋洋脊发现的最活跃的地方。地质断层从北到南把大西洋从中切为两半，也就是把欧洲和美洲慢慢分开的地方"。

当下潜到2500米时，海水的温度上升到100℃，四周的"大雾"逐渐消失，能见度非常清晰，能看到四周游动的虾、贝类、海参。尽管温度很高，但它却不沸腾。因为这里的水压是水面的250倍。

在强烈的光线照耀下，他们突然看到一幅清晰的图景：四周是林立的烟囱，井井有条，就如同进入了一个大工厂区。那一股股"黑潮"就是从烟囱里冒出来的，像是污染物。但这些污染物并不影响洋底生物的生存。在这里超过水面250倍的压力下，水温达到400℃的2500米水下，又有谁有能力在此建造出这样大的"烟囱"呢？

此景不得不令这两位著名的海洋科学家大吃一惊。在此奇景之中，两位科学家想认真、详细地录像，周游、观察一下四周，谁知这深海探测器却不听从操作、指挥，被一种神秘的力量急剧地托起上升，就是要他们迅速离开这里，好像在有礼貌地把他们驱逐出境。

在不到两小时的时间，"尔河文号"深海探则器浮到水面。两位科学家面色苍白，他们亲眼目睹的景象，使他们吃惊得说不出话来。

在辽阔的大西洋中，有许多神秘莫测的现象令众多科学家们孜孜探索，难揭其真相。据一些海洋考察记载，在浩瀚的大西洋中科学家们发现了不少令人难解的现象。

1963年，美国潜水艇在波多黎各海域演习时，发现一个"怪物"，是一只线形水下船，时速快得令人吃惊，是人类科技望尘莫及的。当美军声呐仪探测到它的位置时，立刻派驱逐舰和潜艇追踪，在短短的两小时里，"怪物"擦身而过。顷刻间，"怪物"消失得无影无踪。

1992 年 5 月，法国著名的潜水专家拉马斯克尔在大西洋加勒比海海域，深入海底水下探宝时，发现一座圆体大建筑物。它透明发亮，从里面游出一个前半身像人，后半身似鱼的"怪物"。它同拉马斯克尔直面相遇，互不侵犯而游走，拉马斯克尔对水下神奇的建筑做了录像。

最令人惊奇的是在 1990 年秋季，瑞典和北约海军在大西洋东北部海域举行的一次大规模演习中，突然发现一艘神奇的水下潜艇，以飞快的速度闯入演习海域。它的来临使参加演习的 30 多艘军舰上的雷达、声呐系统全部中断。北约海军的 10 多艘军舰在开恩克斯纳其海湾开展了一场大"围剿"，企图抓获这艘神奇的水下潜艇。谁知当炮弹和深水炸弹如雨点般地攻击目标时，炮弹、炸弹全无声无息地消失了。当这艘神奇的水下潜艇浮出水面时，北约所有军舰上的无线电通讯系统全部失灵了。北约海军向它发射多枚技术上无与伦比的最先进的"杀手"鱼雷。它能百发百中，自动追向目标，但出乎意料的是，"杀手"鱼雷不仅没有爆炸，反而消失得踪影全无。

知识小链接

声　呐

声呐就是利用水中声波对水下目标进行探测、定位和通信的电子设备，是水声学中应用最广泛、最重要的一种装置。声呐分主动式和被动式两种类型。

北约海军的指挥官们从亲自看到的情景中总算明白过来，这艘神秘的水下潜艇是地球人建造不出来的大西洋底的"神秘来客"。

近几年，法国、美国的科学家们联合探索大西洋底冲出来的"黑潮"来源，发现了 2500 米的大洋底层有巨大的"烟囱"群。"黑潮"是向洋面上排出的污染物。科学家们联想到过去在大西洋底发现的一系列神秘莫测的建筑，飞速前进的潜艇等，他们认为，在大西洋中生存着似人一样的高智慧动物。他们的科学技术、文明水平远远超过地面上生存的人类。深受观众喜爱的科幻电视剧《从大西洋底来的人》，不仅仅是科学幻想，而是有科学依据的。

美国著名的海洋生物学家拜伦·巴特尔教授认为：大洋的深处，一定生存着另外一支具有高度文明、高度智慧的动物。他们既能在"空气的海洋"里生存，又能在"海洋的空气"里生活，他们是人类的另外一支。

拜伦·巴特尔教授的理由是：人类起源于海洋，现代人类的许多习惯及器官明显地保留着这方面的痕迹，如喜食盐、会游水、海生胎记、爱吃鱼腥等。而这些特征则是陆地上的哺乳动物所不具备的。

当人类进化时，很可能分为陆上、水中两支。上岸的称为人类，水下的被称为"海妖"。也许"海妖"会称人类是"陆妖"呢。拜伦·巴特尔教授的推论与分析，得到众多科学家们的赞同。他们认为：人类已到达过月球，即将登上火星，但对地球上的海洋却没有认真的探索，如今下潜海洋的深度也仅仅是5000米左右。洋底的生态并没有弄清楚。大洋里是否生存着高智慧动物尚待进一步发现证实。

俄罗斯有一些科学家认为：人类不一定是地球上的主宰，海洋的面积远远超过陆地。从一些神秘现象可以证实：如果海洋里生存着高智慧动物，他们在科学技术水平上远远超过人类。俄罗斯的海洋生物学家勒伦斯基教授多年观察、分析后认为：人们常常亲眼看到高空中出现的飞碟（UFO）并非是天外来客，而是地球上高级生物的杰作。据多方面的记载：飞碟常常从海洋里飞出、又钻入海洋里。

勒伦斯基教授在一篇有关海洋生物的文章里写道："在这浩瀚无边、神秘莫测的海洋里，许许多多难解之谜，就像一块块巨大的磁石，将会吸引着无数的科学家们投入它的怀抱，去探索那神秘的谜底，那些充满着神奇、恐怖、令人渴望揭示之谜，终有一天会被科学家们揭示明白……"

地中海古城

2000年6月，埃及和法国的一个联合水下科学考察队在地中海海底发现3处具有2000多年的历史古迹。这3处古迹包括米努茨和希拉克留姆两大古城遗址，以及当年尼罗河流入地中海的 7 个入海口中最大的一个老河口。

　　据埃及最高文物委员会秘书长加巴拉介绍，这 3 处古迹分布的方位在亚历山大城附近的地中海阿布吉尔湾以东的近海约 6 米深的海底。其中米努茨古城遗址位于距岸边约 2 千米的海底；再往东 4 千米，即距岸边约 6 千米处是希拉克留姆古城遗址；尼罗河老河口——卡努布河口的位置被埋在阿布吉尔湾的近海海底的地层里。

　　在米努茨 500 米宽、800 米长的城郭范围内发现了几万根花岗岩打磨的石柱、石块，斯芬克斯雕像以及属于王室家族的头盖骨和一些神像。在希拉克留姆古城遗址，有巨大的石头建筑遗迹，例如几百根花岗岩石柱，高达 4 米的具有法老风格的国王雕像和大小不一的狮身人面像等。这两座古城遗址中发掘的早期文物分属古埃及新王国时期第二十六王朝和第三十王朝。同时，还发现了公元后的东罗马帝国时期和阿拉伯帝国时期的金币、器皿等物。其中最有价值的是古埃及新王国时期使用的石刻天象图。在卡努布河口两侧的码头区，通过海底磁力探测仪发现了砖石结构的建筑。由此可以推断，当时该地区的经济富庶，民居和庙殿建筑已相当普及。此外，在亚历山大城于公元前 3 世纪建成之前，卡努布河口曾是可通航的重要水道。卡努布河口是当年埃及进入地中海的主要出海口。

　　据指挥法国和埃及水下联合科学考察的法国专家法兰克·克德维介绍，在埃及地中海沿岸地区，自古就有显赫的文明奇迹。特别是在 2000 多年前，埃及临近地中海的三角洲地区曾流淌着尼罗河的 7 个分支。在这次联合考察过程中，法国人使用水下磁力探测仪，对阿布吉尔湾水下地层结构进行剖面分析，并对近海海底地貌进行了拼接和递进式的扫描。

拓展阅读

花岗岩

　　花岗岩是一种岩浆在地表以下冷凝形成的火成岩，主要成分是长石和石英。花岗岩硬度高、耐磨损，不易风化，颜色美观，外观色泽可保持百年以上，花岗岩除了用作高级建筑装饰工程、大厅地面外，还是露天雕刻的首选之材。

当年，在卡努布河口周围，凝聚了古埃及新王国的繁荣景象，与米努茨和希拉克留姆连成一片，是地中海地区有名的三镇之城。由于当时人们敬神，在卡努布有希拉比斯神庙，在米努茨有伊吉斯神庙，在希拉克留姆则以赫尔格尔神庙著称。由此更使此地商贾云集，游历者纷至沓来。在公元前450年，希腊学者希鲁杜特曾来埃及游历，他笔下记述的行程从卡努布开始，在那里他朝拜了希拉比斯神庙，又经希拉克留姆到卡努布河口区的卡努布岛（现更名为"纳尔孙岛"）。公元前25年，希腊史学家斯特拉本对埃及之行有更详细的描述：从亚历山大城出发东行，先到卡努布，然后是米努茨和希拉克留姆，再过去则是卡努布河口和希拉克留姆河口……

既然大量史料有如此真切的记载，那么这些显赫一时的城市和古迹怎么会一下子就消失得无影无踪了呢？是2000多年的海平面上升造成的？还是地震导致大面积地面沉陷造成的？还是各种原因兼而有之？这一系列的问号，让一代又一代的探险家和史学家都想去解开这个谜团。

到了第二次世界大战时期的1943年，埃及末代王朝的道颂亲王首次雇佣外来潜水员，在亚历山大城近海海底寻找当年的历史遗迹，找到了米努茨古城的遗址，并绘制了海底城市遗址的地图。可惜的是，由于当时埃及国事动荡，埃及王室面临着政变危机，未能继续这项科学考察和大规模发掘。但值得赞许的是，1943年，在对米努茨的初步探索中，找到了曾统治埃及并创建亚历山大城的希腊马其顿国王亚历山大大帝的头盖骨。这个头盖骨现陈列在亚历山大希腊博物馆里。如果今后进一步的发掘能最终证实亚历山大大帝的陵墓就在米努茨城的遗址中，那就使世界史学界长期争论不休的一大难题有了定论。

到了1996年，正值世界水下科学探险盛行的年代，欧洲水下古迹研究所与埃及最高文物委员会签约，决定对埃及地中海近海的历史遗迹进行系统考察和发掘。

2000年，埃及前王室成员道颂亲王的孙子侯赛因出席了6月4日埃及有关方面举行的专题新闻发布会。看到先人开创的业绩后继有人，抚今追昔，侯赛因百感交集。他说，他在儿时和家人常在盛夏期间住在地中海海滨的宫殿里，并时常在海边捡到彩绘镶嵌石画的碎块，还听大人说海底有沉没的城市和宝藏。更令侯赛因难忘的是，当时有一个曾在地中海近海时常进行低空飞行训练的英国飞行员，非常肯定地告诉道颂亲王，说他在近海的海底看到了"海市蜃楼"，并建议进行水下科学探险。谁能料到这 56 年的依稀往事，竟然成了这次震惊世界的海底考古成就的开端。

令人惊异的是，地中海古城的消失一直没有文字记载，后人也没有提及。随着海底发掘的进一步深入，相信离揭开谜底的日子不会太远。

海底金字塔

百慕大三角区海域，使无数的船只、飞机和人神秘地失踪，因而也引来了各种猜测。其中有一种假设性猜测认为：百慕大三角区海域深处，有一股极强的磁力，可以使船只飞机的罗盘失灵。有人补充说，考虑到此海域的南部就是失踪的玛雅文明的所在地，所以百慕大三角区海底下面一定掩埋着玛雅文明的某些神秘之物。说不定，玛雅文明时代的原子核废料的堆集场就在此海域下面。

这种说法听起来很玄，似乎不太可能。可是，一则出乎意料的新闻使人们大为吃惊。1977 年 4 月 7 日，来自墨西哥的一则电讯说，科学家们在百慕大三角区的海底，发现了一座比埃及胡夫金字塔还要大的金字塔。这真是一件奇事珍闻。

人们知道，埃及是以金字塔而著称于世的，而事实上，除了埃及之外，在今天的墨西哥、洪都拉斯、秘

海底金字塔

鲁等地，即古代玛雅人活动的地区，都先后发现有金字塔式的宏伟建筑。然而，玛雅的金字塔和埃及的金字塔略有不同，埃及的金字塔是尖顶的，而玛雅的金字塔的顶端却是平的，相对而言，玛雅的金字塔大多比埃及的金字塔

要小。

广角镜

上 校

上校是一些国家军队中校级军官的军衔称号。世界各国的军衔体系中，一般都设有上校这一级军衔称号。上校一般为团长的编制军衔。中国人民解放军上校军衔为副师职（正旅职）军官和正团职（副旅职）军官的主要军衔。

据称，百慕大三角区海底有一座巨大的金字塔是由一位美国海军上校发现的。尽管当时许多人，包括他本人在内，都不太相信这是真的，但是声呐探测装置上清楚地显示出这座金字塔位于360米的海面之下，高度约230米，边长为300米，在金字塔的四周是平坦的海底。没有火山喷发过的痕迹，也没有海底山脉从中横过。

于是，有关方面便成立一支探险队，到该地区从事进一步的探测，使用深水潜艇，水下闭路电视摄像机等先进设备，以期能够揭示海底金字塔的真相。

如果百慕大三角区海底之谜被解开的话，如果证明海底金字塔确实是人工之杰作的话。那么，科学史就将要做修改，甚至人类的历史也要改写。就目前来说，没有人相信这座金字塔是在海水下面建造起来的。因为以现代科技能力来说，要在360米以下的海底建造如此之大的金字塔，乃是不可能的，况且它又何必修建在海底呢？人们宁愿相信这座金字塔原先是建造在地面上的。

而如今金字塔却在海底。想必一定是因为陆地下沉的缘故。科学家们相信其中之理，但不敢贸然接受这样的一个结论，因为仅在短短的数千年中，这块陆地怎么"沉入"得那么深？是因为这块陆地的下面是一块巨大的海底盆地？也就是说，这块原来被用来修建大金字塔的陆地不但沉入海中，而且沉得比原来的海底还要凹深一些。这又是什么原因造成的呢？

关键的问题是，为什么这个位于海水下面360米的金字塔会对海上的船只、天上的飞机的失踪产生影响，而且每一次失踪事件发生后为什么都没有留下痕迹？这中间到底隐藏着什么秘密呢？一切都还有待于科学家研究来揭晓。

🔷 海底洞穴的古老壁画

　　1998 年 7 月的一天，法国职业潜水员库斯奎同 3 位潜水学会的会员，一起潜入地中海摩修奥湾 40 米深的海底。在海底，他们发现了一个黑乎乎的洞，洞口四周布满珊瑚。他们小心翼翼地潜入洞穴，艰难地在这 1 米宽的水下隧道中左右探索。

　　一段时间后，他们来到了一个拱形洞窟，这里的水深仅及腰际，宽约 60 米，高 2～5 米。白色的洞壁，钟乳石、石笋如林，景象十分奇特。

　　他们手持电筒，沿着堆积方解石的滑溜溜洞底，一步步地向前挪动。突然，他们又发现了一个新的缺口。从缺口望进去，那里还有一个洞室，30 米高的洞顶俯瞰着一个被岩壁包围着的小湖。这又是一处绝妙的洞窟。

　　库斯奎把手电筒放在一块大石上。灯光照在了洞壁上，在黑暗中他赫然看到了一只手的图案，他赶紧把洞内的奇妙图案一一拍了下来。

　　两天后，库斯奎到照相馆去取洗好的照片，才发现图案上的手不止一只，而是 3 只。他想这很可能是古人留下的杰作，他查看了所有能找到的考古资料，可是却一无所获。

海底洞穴的古老壁画

库斯奎等人再次回到海底，这次他们大获丰收。在洞窟的西壁有一横排小马，是用像炭一样的黑颜料画的，画面上蒙着一层半透明的方解石。洞顶上有一幅巨角黑山羊图，还有一幅雄鹿图。东壁上画着 2 头大野牛和更多手印般的手掌，有的五指不全。还有一个猫头和 3 个企鹅图。有些图显然是部分或者完全重叠在一起，甚至还有怪异的几何符号。

库斯奎把他的发现向法国的考古研究部门作了报告，但是专家们对此都表示怀疑，因为证据只是一些照片，况且法国东南部从未发现过什么洞窟壁画。幸亏史前史研究权威和资深潜水员库尔丹出来为库斯奎辩护，库尔丹曾在卡西斯湾发现过旧石器时代的遗骨、燧石和木炭等。他知道海底有许多洞穴在几万年前原是人类的居所，当时地中海的海岸线是在 100 多米以外，后来才给海水淹没的。法国海底考古专家克罗德也出面支持，认为虽然年代久远，在这一带寻找旧石器时代克罗马努人的遗迹几乎是不可能的，但还是应先派专家去现场勘察，再下结论不迟。

库尔丹等专家随库斯奎潜入隧道。眼前的景象让库尔丹惊叹不已："这是欧洲考古史上最重大的发现之一！我从未见到过这样一类的景象！"壁画不仅完全像库斯奎先前所描述的那样精美，而且这次使用的强力泛光灯还照出先前没有发现的壁面。

知识小链接

旧石器时代

旧石器时代是指以使用打制石器为标志的人类物质文化发展阶段。它可分为旧石器时代早期、旧石器时代中期、旧石器时代晚期。

经过几天紧张的鉴定之后，再也没有人对此表示怀疑了。克罗德完全相信从洞中带回的资料。他说："马、野牛、山羊等壁画和雕刻全部有着旧石器时代的特征。甚至是按照史前艺术惯例画出来的。例如，那时候画的野牛角总是弯曲或半弯曲的，蹄从来不画出来，腿总是缺掉最后的一截。这一切可以说明它们比著名的拉斯拉洞的画还要早。"

克罗德的初步推断，不久便得到了实验室测定结果的支持。测验由科学实验所技师需克埃温主持，根据碳测年法测定，这批画已有 18000 多年的历史了。

18000 多年，已远远超出人类文明历史的极限，已变得十分遥远，科学家们还能读懂这部"洞穴巨著"，还能破解这一史前之谜吗?

▶ 平顶海山

太平洋的中部与西部，即夏威夷群岛、加罗林群岛、马绍尔群岛和斐济群岛一带的深海底部，有一座座奇异的海山，它们的顶部像被截掉一样，都是平坦的，被称为"平顶海山"。这种海山除太平洋外，大西洋和印度洋中也存在，或是孤耸于海底，或是成群出现。平坦的顶部为圆形或椭圆形，直径一般从几百米至 20 ~ 30 千米，顶部离海面最浅为 400 米，最深 2000 米，平均为 1300 米。海山顶部如此平坦，原因何在?

一些科学家从平顶海山的顶部打捞到圆形的玄武岩块，它们是火山弹的原有形状。因此，有人认为，它们可能是一座座海底火山，顶部是火山口，被火山灰等物质填平了，所以呈现为平顶。

20 世纪 50 年代，从太平洋西南的平顶海山顶部打捞 6 种造礁珊瑚、厚壳蛤以及层孔虫等生物化石。以后人们在太平洋中部也有类似的发现。这表明平顶海山顶部过去有过珊瑚礁发育。造礁珊瑚要求生活在有光照的水体里，因而其生存最大水深在 50 米左右。可见，曾有一段时间，海山顶部的水深不超过 50 米。由于此时海山顶部离海面近。风浪就有可能将其削平，并在其上发育造礁珊瑚。以后，海底山下沉，沉到水深 400 米以下的地方，所以平顶海山上就残留着以前发育的造礁珊瑚和其他喜礁生物。但美国一些学者指出，海底山不一定发生过上升或下降，而是在冰川时期，海平面大幅度下降，使海底山顶部露出海面被风浪削平。但海平面能否下降几百米以至 2000 米，目前还没可靠证据。况且，有的平顶海山顶部宽达 40 ~ 55 千米，说它被风浪削平，似乎难以令人置信。

知识小链接

珊瑚礁

珊瑚礁是成千上万的由碳酸钙组成的珊瑚虫的骨骼在数百年至数千年的生长过程中形成的。珊瑚礁为许多动植物提供了生活环境，其中包括蠕虫、软体动物、海绵、棘皮动物和甲壳动物。

还有的学者认为，太平洋的平顶海山位于一片原来隆起的地壳上，致使海山顶部接近海面，被风浪削平。尔后，整个隆起的地壳下沉，便形成今日平顶海山的面貌。但这个隆起地壳是否存在，也无法证实。

稀奇古怪的湖泊

　　湖泊是陆地表面洼地积水形成的比较宽广的水域。湖泊是在地壳构造运动、冰川作用、河流冲淤等地质作用下在地表形成的许多凹地并积水成湖。在众多的湖泊中，有许多稀奇古怪的湖泊，其中之谜令人类迷惑不解，例如南极的"不冻湖"、非洲的"杀人湖"等。

贝加尔湖

贝加尔湖是俄罗斯西伯利亚地区最大的湖泊。它南北长 600 多千米，东西宽 50 多千米，面积 31500 平方千米。论面积，在世界湖泊家族中它排行第八；论水量，则仅次于世界第一大湖里海，居世界第二位。而且，里海的水根本不能和贝加尔湖相提并论。因为，里海水是咸的，而贝加尔湖的水是真正的优质淡水。贝加尔湖保存有近 2.3 万立方米的淡水，差不多全俄罗斯所有的河川、湖泊淡水量的 80%，是人类一大水源宝库。

贝加尔湖

贝加尔湖蓄水量这么大是和它的深度分不开的。它的平均深度超过 1000 米，最深的地方可达 1620 米。也就是说，把我国五岳之首的泰山放进贝加尔湖，泰山山顶还要在湖面以下 80 多米，这个深度只有大海才能与之相比。

广角镜

五岳

五岳是我国五大名山的总称。即东岳泰山（位于山东）、西岳华山（位于陕西）、北岳恒山（位于山西）、中岳嵩山（位于河南）、南岳衡山（位于湖南），其中泰山居首。五岳景色各有特点，受到许多游客的青睐。

贝加尔湖有 300 多条河汇入，其中最主要的河流是流经蒙古国的色楞格河。每年河流把巨大的水量带进贝加尔湖，再由安加河排入叶尼塞河，最后流进北冰洋。

有些科学家来到贝加尔湖，经过认真调查以后，最终弄清了栖息在湖里的生物种类达 1700 多种，其数量之大，实在惊人。更稀奇的是，在这 1700 多种生物种类中，大约有 64% 是世界其他任何地方都找不到的独有种类。

还有一个非常奇怪的现象，有些生物在贝加尔湖附近的西伯利亚绝对找不到它的踪迹，而在遥远的热带、亚热带，却能找到它的同类。要不然，就可能在几千万年，甚至几亿年以前的古老的地层中找到它们的化石。

比如，贝加尔湖中生活着一种叫薛虫的动物，这种动物的近亲在遥远的印度。还有一种水蛭，只有在中国南方的淡水中才能见到它。一种蛤类动物，世界上十分罕见，人们只能在巴尔干半岛上一个叫奥克里德的小湖中才能找到它的近亲。

贝加尔湖是个标准的淡水湖，但是在这个淡水湖中，却生长着大量的海洋生物。比如，海豹主要生活在南北极高纬度的海洋中，可是贝加尔湖里也有一种海豹，样子和海洋中的海豹相差无几。生物学家把它称作"贝加尔湖海豹"，这是世界上唯一生活在淡水中的海豹。另外，贝加尔湖中生活着大量鳕鱼、鲱鱼、鲟鱼，它们和大海里的同类十分相似，却完全改变了在咸水中生活的习性。贝加尔湖底到处生长着 1 米多高的海绵，在水下形成浓密的"湖中丛林"。在海绵丛林中，一种称作"贝加尔湖龙虾"的动物大量繁殖。

知识小链接

纬　度

纬度是指某点与地球球心的连线和地球赤道面所成的线面角，其数值在 0 至 90 度。位于赤道以北的点的纬度叫北纬，记为 N；位于赤道以南的点的纬度称南纬，记为 S。

为了解释这些动物的来历，科学家们真是伤透了脑筋。

世界各国的生物学家、地质学家，甚至考古学家都被邀请来，一起探索贝加尔湖的秘密，为了一个目标——给贝加尔湖奇特生物的产生，寻找科学而合理的答案。他们夜以继日地工作着，目前已经取得了十分可喜的成果。

最早的解释是，贝加尔湖的生物可能是从海洋里进来的。但目前支持这种意见的并不很多。因为在他们看来，这个深居大陆腹地的湖泊，不管从哪个方向，与海洋的直线距离都在 1000 千米以上。有谁能想象得出，那些生物是用什么方法跨过宽广的大陆，飞到贝加尔湖的？更何况，长期习惯于在咸水中生活的海洋生物，一旦进入淡水，必然很快死去。

既然贝加尔湖生物的"外来说"不那么令人信服，于是，就产生了贝加尔湖生物的"土著说"。这种意见认为，贝加尔湖的生物可能很早就生活在这里。他们大胆推测，可能在千百万年以前，贝加尔湖曾是大海的一部分。那时，贝加尔湖里生活着与大海相同的生物。后来，地壳发生了变动，使贝加尔湖与大海相分离，变成了内陆的一个湖泊。因为与海洋断绝了联系，而河水又不断把淡水流进湖里，于是湖水也慢慢地由咸变淡。在贝加尔湖由咸变淡的缓慢过程中，原来生活在海洋中的生物，一部分不能适应环境的变化，死去了；另一部分则逐渐改变了自己的生活习性，生存了下来。这就是贝加尔湖所以保存了大量海洋生物的一种比较普遍的看法。

然而，这种假说并不十分完善。比方，如果这种说法得以成立，那么，到底是在哪一个地质时期贝加尔湖与大海相连，又是在哪一个地质时期贝加尔湖开始与海洋相分离？分离以后，这些海洋生物是通过什么方式逐渐适应了淡水环境的？如此等等，还需要科学家们进一步研究和探索。

我们相信，藏在贝加尔湖里的秘密总有一天会被人们完全揭开。

南极的 "不冻湖"

南极 "不冻湖"

南极处于地球的最南端。当人们一提起它，所想到的第一个问题就是"冷"字，想到那人迹罕至的冰雪世界。在南极，放眼望去，皑皑白雪、银光闪烁。这约1400万平方千米的土地，几乎完全被几百至几千米厚的坚冰所覆盖，零下60℃的气温，使这里的一切都失去了活力，丧失了原有的功能，石油在这里像沥青似的凝固成黑色的固体，煤油在这里由于达不到燃烧点而变成了非燃物。然而，有趣的自然界却奇妙地向人们展示了它那魔术般的奇迹：在这极冷的世界里竟然奇迹般地存在着一个"不冻湖"。

科学家们所发现的这个"不冻湖"，面积达2500多平方千米，湖水遭到了极其严重的污染，并有间歇泉涌出水面。科学家们对这个湖的周围进行了考察，发现在它附近不存在类似于火山活动等地质现象。因此科学家们对于出现在这酷寒地带的"不冻湖"也感到莫名其妙。

为揭开此谜，前苏联考察队利用电波器在他们基地附近厚达3000米的冰层下，又发现了9个"不冻湖"，这一新的发现使得对"不冻湖"的研究有了新的进展。他们接着对"不冻湖"的形成原因进行了分析、研究和推测，提出了各自不同的见解。有的科学家提出这是气压和温度在特殊条件下交织在一起的结果。持这一见解的人指出：在这3000多米冰层下的压力可达到278个大气压，在这样强大的压力下，大地所放出的热量比普通状态下所放出的热量多，而且冰在零下2℃左右就会融化。另外，冰层还像个大"地毯"一样，防止了热量的散发，使得大地所放出的热量得以积存，这样在南极大陆的凹部就可以使大量的冰得以融化，变为"湖水"。

另有一些科学家则认为：在南极的冰层下，极有可能存在着一个由外星人建造的"秘密基地"，是他们在活动场所散发的热能将这里的冰融化了。

还有的科学家指出：这是个"温水湖"，很有可能在这水下有个大温泉把这里的水温提高了，冰给融化了。可有些人反驳说：如果这里有温泉水不断流入湖里，为什么湖上冰冠没有一点融化的迹象呢？为了解释这一问题，人们在冰层上架起了钻机，取得了冰下的样品，发现湖底的水完全是凉的，这就说明了在湖下并不存在温泉，湖水不是由于温泉而热起来的。

还有一些科学家推测：湖水是由太阳晒热的。他们是这样解释的，这个四周被冰山包围的湖实际上是一潭死水，它很容易聚热。这里的冰层起到了一个透镜的作用，这种透镜可以使太阳光线聚焦，成了湖上的一个热源。当阳光照在四面冰山上的时候就有少量的热被折射到这个聚焦镜上，天长日久，就形成了这一冰川上的"不冻湖"。

围绕"不冻湖"的问题，各种推论、猜测纷纷提出，然而到现在为止还没有一个科学家能拿出令人满意、使人信服的结论。这冰山上的"不冻湖"的确太神秘了。它难倒了我们那么多的科学家，使得他们不得不进一步对它进行综合考察，力争早日揭开这层神秘的面纱，使其露出本来面貌。

非洲的 "杀人湖"

1984 年 8 月 16 日的清晨，一位叫吉恩的年轻牧师和其他几个人正驾驶着一辆卡车经过喀麦隆境内的莫努湖。这时，看见路边有个人正坐在摩托车上，仿佛睡着了一样。但当吉恩走近摩托车时，他发现那个人已经死了。而牧师转身朝汽车走去时，也觉得自己的身子发软。吉恩和他的同伴闻到了一种像汽车电池液一样的奇怪气味。吉恩的同伴很快倒下了，而吉恩却设法逃到了附近的村子里。

非洲的 "杀人湖"

到早上 10 点半，当地政府得知已有 37 人在这条路上丧失了生命，很明显这些人都是那股神秘的化学气体的牺牲者。这股化学云状物体包围了有 200 米长的一段路面。虽然还没有进行尸体解剖，但对尸体进行检查的巴斯医生断定这些人都死于窒息，他们的皮肤都有化学灼伤的痕迹。

使这些人丧失生命的云状物体是从莫努湖中自然产生的。附近的村民报告说，在前一天晚上听到轰隆轰隆的爆炸声。人们注意到湖里的水呈棕红色，这表明平静的湖水已经翻动了。

是什么引起了这股云雾？火山学家西格德森认为在最深的水中，通过保持碳酸氢盐的浓度，微妙的化学平衡使莫努湖发生了强烈的分层。某种东西扰乱了这种分层，使深水中的丰富的碳酸氢盐朝着水面上升。这种压力的突然变化，释放出二氧化碳，就像打开的苏打瓶盖一样，这一爆发形成了 5 米高的波浪，使岸边的植物都倒下了。这股合成的云状物也就是密度很大的二氧化碳气体。这股气体被风带到了路上，并一直停留在离地面很近的地方。西格德森说，很明显在黎明前的这段时间里，由于天黑使村民看不见这一云状物，同时，他猜测到这股云雾中含有硝酸，这就使人们天亮时能看见它。也能解释死者皮肤上的灼伤。但即使这样，西格德森还是说："灼伤仍然完全是个谜。"

知识小链接

硝　酸

硝酸是一种有强氧化性、强腐蚀性的无机酸，易溶于水。它在水中能完全电离，常温下其稀溶液无色透明，浓溶液显棕色。硝酸不稳定，易见光分解，应在棕色瓶中于阴暗处避光保存，严禁与还原剂接触。硝酸可用以制造化肥、炸药、硝酸盐等。

据调查者说，这一事件是非常奇特的——它具有致命的作用。技术人员曾考虑过利用这种分层作为能源的一种来源，但后来放弃了这一想法，因为他们害怕由此而引起巨大的气体爆炸。而现在引起极大关注的是，这种情况可能在喀麦隆其他具有火山口的湖中再次自然地发生，因为这些湖都可能像莫努湖一样地进行分层。

▶ 太湖的成因

太湖是我国长江中下游五大淡水湖之一，水面约 2400 平方千米。太湖风光秀丽，物产富饶，附近的长江三角洲向来是中国的鱼米之乡。这里河网纵横，湖泊星罗棋布。春天到来，菜花金黄，稻秧透绿，小舟在河湖荡漾，采桑姑娘在桑园忙着采摘桑叶。一幢幢粉墙灰瓦的房舍掩映在茂林修竹之间，到处一片生机。

太湖四周群峰罗列，出产的碧螺春名茶与太湖红橘，在古代就是给朝廷

太 湖

的贡品。太湖出产各种各样的水产品，其中的太湖银鱼，浑身晶莹剔透，肉质细嫩，是筵席上的美味佳肴。

然而，就是这样一个全国闻名的湖泊，关于它的成因。一直到今天还争论不休。

对于大地上非常显眼的地理事物——湖泊，地理学家们早就有过深刻的研究，并按照它们的成因分成若干类别。比如，有的湖泊是河流活动形成的，叫河迹湖。此外，还有断陷湖、冰川湖、堰塞湖、火山湖等。

那么，太湖属于哪一种类型呢？

知识小链接

海迹湖

海迹湖原为海域的一部分，因泥沙淤积而与海洋分开，形成封闭或接近封闭状态的湖泊。其中最常见的是潟湖，是靠近陆地的浅水海域被沙嘴、沙坝或珊瑚礁所封闭或接近封闭而成。典型的潟湖有位于中亚的世界上最大的湖——里海，我国台湾省的高雄港也为典型的海成潟湖。

最早也是最流行的意见，认为太湖是古代海边的潟湖演变而来的。也就是说，它属于海迹湖的一种。持这种意见的人们这样假设：在5000多年以前，长江口并不在今天的位置上，而在长江口靠上的江苏镇江、扬州一带。长江南面的钱塘江江口也靠后面。这两条大河成年累月、不停地把自身带来的泥沙堆到河口一带，使得河口不断向前延伸。太湖正好处于长江与钱塘江两大河口之间，自然就形成一个大海湾。随着时间的推移，两河的泥沙不停地堆积，河流不断向前延伸，慢慢地夹在两河之间的海湾就被泥沙包围起来了。开始，可能海湾还与外海相通，海水还可以进入海湾里，海湾里的水还是咸的。到了后来，沟通外海的水道也被堵死，海水不能再自由地进入海湾，陆上的河流却源源不断地带来大量的淡水，海湾的水由咸变淡，于是地球上一座新的湖泊诞生了。

太湖的潟湖说确实有很大的说服力。太湖的位置确实在两条大河口的夹缝中，两条大河一直到今天仍然在缓慢而不停地向前移动着。太湖水面辽阔，却又十分的平浅，与海边的潟湖十分相近。所以，这种说法一产生，就几乎成了大家公认的看法。

谁知近年来，情况慢慢发生了变化。一些研究者在研究太湖过程中又有了新发现。人们在翻阅一本叫《吴中水利记》的北宋时期的古书时，发现书中记载着，在北宋神宗八年（1075 年），太湖地区发生大旱，太湖水位下降到了以往从来没有过的位置。这时人们发现，干涸的湖底上，竟然露出了古代居民留下的坟墓和村庄的街道，一根根已经近于腐烂的树桩仍然立在湖中。人们还在太湖的湖底找到距今 6000～1 万年前古人类石器时代的遗址。

至于太湖这片洼地的形成，他们认为，这和这里的地壳运动有关。太湖地区可能一直是一个地壳不断下沉的地带，由于地势低洼，从四面八方汇来的流水不能及时排出去，自然就形成了湖泊。

太湖的"平原淹没说"还没有得到更多的传播和响应，又一种成因说突然出现了。最近，一批年轻的地质工作者们，用全新的观点来解释了太湖的形成。

他们大胆地假设，可能是在遥远的古代，曾有一颗巨大无比的陨石，自天外飞来，正好落在太湖的位置上。也就是说，偌大的太湖竟然是陨石砸出来的！他们估计，这颗陨石对地壳造成的强大冲击力，其能量可能达到 2.16×10^8 千吨的黄色炸药爆炸产生的能量，或者等于 1000 万颗在日本广岛上空爆炸的原子弹的能量。

提出"陨石冲击"假说的地质工作者们，列出如下方面的证据：

从太湖外部轮廓看，它东北部向内凹进，湖岸非常破碎；而西南部则向外凸出，湖岸非常整齐，大约像一个平滑的圆弧，与国外一些大陆上遗留下来的陨石坑外形十分相似。

地质工作者们在调查中发现，太湖周围的岩石岩层断裂有惊人的规律性。

在太湖的东北部，岩层有不少被拉开的断裂，而西南部岩层则多为挤压形成的断裂。这种地层断裂异常情况只能在受到一种来自东北方向的巨大冲击时才会出现。

知识小链接

角砾岩

角砾岩是一种碎屑岩，由从母岩上破碎下来的，颗粒直径大于 2 毫米的碎屑，经过搬运、沉积、压实、胶结而形成的岩石。砾石的平均直径如果在 1～10 毫米，为细砾，10～100 毫米称为粗砾，大于 100 毫米为巨砾。角砾岩可以作为建筑材料。

地质工作者们还发现，在太湖四周有成分十分复杂的角砾岩。有的岩石在显微镜下，还可以看到被冲击力作用产生的变质现象。另外，他们还在太湖附近找到了不少只有陨石冲击才会产生的宇宙尘和熔融玻璃。

根据以上的证据，他们推断，这颗陨石是从东北方向俯冲下来的。由于太湖西南部正好对着陨石前下方，冲击力最大，所以产生放射性断裂，而东北部受到拉张力的作用，形成与撞击方向垂直的张性断裂。由于陨石巨大的冲击力，造成岩石破碎，形成成分混杂的角砾岩和岩石的冲击变质现象。

孰是孰非，最终也未能形成大家公认的看法。

➡️ 上帝的圣潭

在帕尔斯奇湖东南部有一处不冻的深潭，它深不见底。人们称它为"不沉湖"或"上帝的圣潭"。原来，早在 19 世纪时，有一家姓鲍伊的印第安人迁来此处定居。他们住在深潭的附近。一天，他们的木筏遇到了飓风，当木筏被吹到深潭时已经被肢解得支离破碎。鲍伊一家 7 口人，有 5 人掉进了深潭，掉下水的人惊恐万状。拼命大呼，救命。但是，撑木筏的人不论怎么拼命也无法靠近援救他们。筏上的人眼睁睁地看着水中挣扎的人，水里的人露出绝望的眼神……

就在这时，奇迹出现了：那些在水中挣扎得筋疲力尽的人们，绝望之际发现自己并没有下沉，他们觉得像有什么东西托住自己似的，他们得救了。后来，有一个法国人蒙罗西哥来到此地，一不小心也掉进了深潭，他和前面的人一样也侥幸逃脱厄运。事后他对人说："那就像上帝的手，把我托了起来，使我不能下沉。"因此，人们就称这个深潭为"上帝的圣潭"。

"上帝的圣潭"

"上帝的圣潭"很快就传遍了世界各地，吸引了不少的旅游者。1974年，到火炬岛考察的伊尔福德等人也慕名来过此地。但在经过水质分析后，竟没有发现这里的水的比重与该水周围甚至整个帕尔斯奇湖水有什么不同。因此，许多专家学者都猜测水下有特异物质。当有物体落入水中时，这种特异物质就释放出某种能量，增大了水的比重，使物体能够浮在水面。

但是，这一说法很快又被另外的专家否定了，因为经他们试验，当人落水时取出水样来，然后与该水平静时的水样相比较，其成分并未发生改变。也就是说，前后水样成分完全相同。更让人称奇的是，不仅人无法沉入水底，就是钢铁也不会沉下去。到1979年美国科罗拉多州物理学会几位专家，协同圣弗朗西斯科海军基地和加拿大航海科学院，对"上帝的圣潭"进行了又一次测试，可他们仍然一无所获，没有找到什么有力的依据。

只是他们发现，"上帝的圣潭"不但排斥人类，而且排斥任何物体。仪器不能深入，潜水员无法潜入水中。有一位名叫哈德希布漠的海军军官，将手上的一枚钻戒扔进"上帝的圣潭"，那戒指也居然像渔浮一样漂在水面。

在94平方米的"上帝的圣潭"，时至今日在它的区域内，还没有一样东西能够沉下去。对于这种现象，没有人能说得清是什么道理。由于它的神秘，不少人曾提出将帕尔斯奇湖辟为旅游区，以吸引更多的游客。

的的喀喀湖

在的的喀喀湖东南21千米处，有个蒂亚瓦拉科文化遗址，以大量的精美的巨石建筑闻名于世。蒂亚瓦拉科原来叫"泰皮卡拉"，可能是因为其他部族对这个词的误读，久而久之就变成了"蒂亚瓦拉科"。它被人们称为"外星人"的"湖畔奇迹"。

的的喀喀湖

在蒂亚瓦拉科文化遗址，保存最完整的是名叫"卡拉萨塞亚"的奇特建筑。它是用石头砌成的长方形台面，长118米，宽112米，周围由坚固的围墙围起来，里面有阶梯通往地下的内院。巨大的石柱耸在地面上，组成气势雄伟的石林。这里还有许多形状奇异的巨大石像有些学者认为，石像身上好像刻有许多天文标记或远古星空图案似的，令人迷惑不解。

据一些考古学家考证，"卡拉萨塞亚"可能是古代的印加人祭祀太阳神的祭坛，规模庞大，气派庄严。在"卡拉萨塞亚"庭院的南面，有一座"阿卡帕纳"金字塔，呈方形，有巨大的台座和台阶，顶上还有一座古老的庙宇，雄伟壮丽，气势轩宇，表现了古代印加人在建筑、雕刻、绘画、装饰方面杰出的艺术才华。

在"卡拉萨塞亚"庭院的东北角，巍然屹立着一座名闻世界的"太阳门"。它高为2.5米，宽达4.5米，重约12000千克，是用一整块巨大的中长石雕制成的。中央凿有一门洞，门楣上有精美的浮雕，其中有一个神秘的人形浅浮雕，双手各执一根权杖，头部放射出很多光线，其间还夹杂有蛇像。在人形的两侧有3排平行的、花纹错综复杂的方形的图案，图形基本上相似：带翅膀的勇士们恭敬地面向中央的神王。据说，每年9月21日黎明的第一缕曙光总是准确地从"太阳门"中央射出，风光旖旎。

蒂亚瓦拉科文化遗址上的所有巨大建筑物，都是用重达数吨、甚至重达百吨的巨石砌成的，石块精工琢磨，凹凸咬合，石块与石块之间，不用任何黏着剂，能做到合缝紧密，竟连薄刃也难从对缝中插进去。有些巨石与巨石相衔接处，用铜榫和扣链固定。可见古代印加人的石砌技术极高，建筑精巧严谨。

在遗址附近，发现有一条印加古路的路基，从路基延伸的方向来判断，很可能是从秘鲁的库斯科到厄瓜多尔的基多。

据考古学家考证，古代印加人在道路建设方面的成就特别突出，有两条主要道路贯通全国：一条是高原道路，起自今哥伦比亚，贯穿厄瓜多尔、秘鲁、玻利维亚，再由阿根廷到达智利；另一条是沿海道路，北起南纬一度靠近厄瓜多尔边界的通贝斯，向南贯通秘鲁沿海一带，进入智利中部，路面宽阔，沿途逢山开隧道，遇河架桥梁。除以上两条主要干线外，还有不少支路通向全国各地。途中设置驿站、要塞和烽火台。这些道路为运输、行军、传达命令，提供了方便。古代印加人的道路，比当时欧洲的公路要好得多。

在遗址中发掘出了陶器、铜制物件、纺织物等。据考古学家考证，古代印加人在采矿、冶金、纺织和手工艺方面都达到了较高水平。他们善于用青铜制造武器和工具，用金、银、锡等制造各种装饰品和祭器。他们在纺织和制陶技术方面，较之前代尤有进步。印加陶器继承了前代的优秀传统又有较大发展，常见的

拓展阅读

陶 器

陶器是用黏土烧制的器皿，质地比瓷器粗糙，通常呈黄褐色，也有涂上别的颜色或彩色花纹的。新石器时代开始大量出现。现代用的陶器大多涂上粗釉。

器形有敞口直筒杯、三鼎锅、双耳小口尖底坛等，表面绘以红、黑、黄、白等色的动物纹或几何纹作为装饰。陶器中以红色粗陶制的三鼎锅较有特征，而制作精美的双耳小口尖底坛是古印加陶器的代表作。陶器的色调绚丽、鲜明而丰富，尤以描绘太阳神、人形和兽形图像为好。

在湖畔还发现一座巨大的古天文台，垒成像古代足球门似的形态奇异的巨石，实际上是一种复杂的测时和确定季节的巧妙装置。据考古学家考证，古印加人崇拜天体，天文历法知识的发展与宗教信仰、农业生产有着很密切的联系，他们很早就筑设天文台，用以观测太阳的位置和确定农业的节序，能确定夏至和冬至。古印加人的历法定1年为12个月，每月有3个10天的长周，1年加1个5天的短周，以冬至为岁首。

的的喀喀湖畔的奇迹，让现代人十分迷惑：的的喀喀湖位于海拔3812米的荒漠高原上，必须到5千米以外的高山上去挖取巨大石材，一般石块重达数吨、数十吨。据考证，古印加人不会冶炼铁，他们没有钢铁工具，没有炸药，更不可能有飞机、火车或汽车、拖拉机。当时美洲人还没有创造出任何机械、轮子和绞车。在高寒、低压、缺氧至连呼吸都极为困难的恶劣环境中，在没有轮制运输工具的情况下，当时的人们用什么方法从高山上挖取这样巨大的石块？怎样经过崎岖的山路把每块重达数吨、数十吨的巨石运到湖畔工地上并抬上高耸的城堡、宫殿的顶部呢？当时根本没有起重机之类的先进器具，光靠人力、运用极简单的原始工具能建造规模如此宏大雄伟的建筑物群吗？据有人估计，星散在的的喀喀湖畔的所有巨石建筑物的总工程，比修筑金字塔还要艰巨。究竟是何人何时用什么方法创造出湖畔的奇迹呢？

西方有些人认为，以捕鱼和狩猎为主要谋生手段的古印加人，根本不可能在的的喀喀湖一带的层峦叠嶂之中创造出辉煌的蒂亚瓦拉科文化。20世纪60年代，作家路易斯·波威斯和雅克·伯杰曾认为，在非常遥远的古代，来自金星的"天外来客"——"外星人"，曾在的的喀喀湖畔的高原居住过，创造了湖畔的奇迹。有人认为，湖畔的"太阳门"上的图案描绘了"外星人"的形象，湖畔的巨大石像上精确地记载着27000年前的星空。

湖畔的"太阳门"上的图案

从1950年起，由玻利维亚考古学家卡路斯·庞塞·桑西内斯领导的考古调查队，对的的喀喀湖畔的古迹进行了相当大规模的深入发掘和长期认真的考察研究，并把一些已破损了的古建筑物加以复原。经过放射性碳 ^{14}C 鉴定，确定湖畔古城最早的建筑日期始于公元前 300 年，竣工于 600 年。安第斯山区是古代美洲文明的发祥地之一，在公元前 8500～前 10000 年，这里就已经有了人类居住。考古发掘的材料证明，最早散居在安第斯山区的古代居民是摩其卡族、艾马拉族和克丘亚族（印加人是克丘亚族的一支）。在印加国家形成之前，安第斯山区已出现过一系列发展较高的古代文明。印加人在继承和发扬前代文化的基础上，创造出南美洲光辉灿烂的印加文化。的的喀喀湖畔的奇迹，就是印加文化的结晶。

当然，"外星人"在的的喀喀湖畔创造的奇迹还是一个谜团，有待后人去揭开谜底。

▶ 移动的罗布泊

罗布泊位于新疆塔里木盆地的东部，那里自然条件异常恶劣，很少有人能出入自如。许多科学家和探险家都曾为了一睹它的神奇而永远与其同眠了。但这个干旱、多风沙、到处是陡崖、盐壳且酷热难当的地方却丝毫没有阻挡人们对它的探索和考察。近些年来，有关罗布泊是否是一个游移湖的争论，更使它成为令人瞩目的神奇之地。

根据《汉书》《水经注》等典籍记载，罗布泊在古时候是一个大湖。塔里木河、孔雀河都流入罗布泊，由于河水中带来了上游的大量矿物质逐渐沉积在湖中，因此湖水含盐量很高。罗布泊又名盐泽。"古丝绸之路"就从湖边通过。那时罗布泊地区水域面积很大，动植物也繁多。现

拓展阅读

"古丝绸之路"

"古丝绸之路"是一条自中国的西安通往西方直达罗马帝国的贸易之路。历史上，这些路线不但用于丝绸贸易，也包括了许多其他的商品。

在，罗布泊除了起伏延展的盐壳外已没有一滴水了。

1876年，俄国探险家普尔热瓦尔斯基曾经慕名来罗布泊考察。他发现的罗布泊比中国古地图标明的位置往南一些，大约相差1个纬度。但他看到的罗布泊竟是一个淡水湖，芦苇丛生的沼泽地里栖息着成千上万的鸟类。普尔热瓦尔斯基回到俄国后就写了一篇文章发表，结果在国际地理学界引发了一场争论。一个叫李希霍芬的德国地理学家反驳说罗布泊是一个咸水湖，普尔热瓦斯基所看到的并不是真正的罗布泊。应该还在他考察地方的北部呢！

后来，英国的探险家斯坦因、瑞典的探险家斯文·赫定先后来到罗布泊地区进行了考察。结果，他们认为普尔热瓦尔斯基和李希霍芬的看法都没有错。为什么这样说呢？原来，他们都认为罗布泊游移了。

那么，罗布泊为什么会游移呢？斯文·赫定认为：塔里木河是一条流进罗布泊的河流，可它的河水里挟带着大量泥沙。这些泥沙随着河水流进罗布泊以后，罗布泊湖底的泥沙越积越多，就使得湖底越来越高了，湖水就朝着比较低的地方流了过去。过了一段时间以后，罗布泊的湖底被风吹日晒又开始降低。这时候，湖水又回到了原来的湖盆当中。所以，罗布泊就好像钟表的钟摆，一会儿往南，一会儿往北地游移不定了。

然而，1980年和1981年，中国科学院组织的一支考察队进入罗布泊考察却得出不同的结论。他们认为：罗布泊的变迁，不是湖泊本身在移动，而是塔里木河下游改道，形成了新湖。同时，旧湖因为得不到河水补给，逐渐缩小，最后才变干涸了，并不存在什么"游移湖"的问题。罗布泊究竟是怎样的呢？是"游移湖"吗？随着问题的深入探讨和地理学家的继续勘察，相信谜底在不久的将来终会揭开的。

温暖的范达湖

如果说南极是我们生活的星球上最冷的地方，相信没人会反对吧！因为这块大陆一直以来就有"冰雪大陆"之称，但是就在这冰天雪地中，却有一个温暖的湖泊，这究竟是为什么呢？我们也很想知道其中的秘密。

在南极大陆维多利亚地区附近的干谷地区终年不降雪，更无冰川，就是在这样一个平谷的底部，有一个叫范达湖的湖泊。令人惊奇的是，这个藏身冰冻中的湖竟是一个暖水湖。在 68.6 米深的湖底部，水温高达 27℃。探险家们发现，在南极大陆共有 20 多个湖泊，不仅终年不冻，而且湖水温暖。

范达湖

科学家们对南极这些不冻湖泊深感兴趣。他们研究发现，南极湖泊有 3 种类型：一类是湖面冰冻，冰不是液态水；另一类是湖面季节性冰冻，夏季湖面解冻，液态水露出湖面；还有一类是寒冬湖面水也不冻。最为奇特的就是范达湖，尽管湖表面有冰层，但随着深度增加，湖水温度迅速提高，直到湖底水温接近 27℃。

为什么会有这些暖水湖呢？科学家们提出了各种看法。一些人认为，可能有一股来自地壳的岩浆流烤热了湖底的岩层，提高了湖底水的温度。持反对意见的学者认为，至今没有在湖底找到地壳断裂带，所以地热不可能传出地表面温暖湖水。1973 年 11 月，科学家在范达湖进行了钻探，钻头穿过湖面冰层、水层，钻入湖底岩层，取了宕心，结果发现湖底水很暖，但湖底岩层却很冷。这也证明了湖底的岩层并没有被烤热。

一些人认为，范达湖湖水可能是被太阳晒热的，因为范达湖湖水清澈，湖面冰层没有积雪，太阳的短波辐射可以穿过冰层和水层，到达湖底，暖热了水温。同时湖面冰层，又能像棉被那样挡住湖水热量的散发，所以彻底的水可以保持这样高的温度。但是，一些学者提出，较暖的表层湖水通过对流，必然把热量传给周围湖水，结果应该是整个湖水都变暖。另外，在南极的极夜期，为什么能保持这样高的水温，而在极昼期，它的水温并没有无限制地升高呢？

此外，也有人认为范达湖的温水是受海底温泉加热而成的，可是至今也没有找到热泉。有人提出可能湖里存在某种特殊化学物质在反应放热，但至今也没有找到这种物质。在这块年平均气温达零下25℃、极点最低温为零下90℃左右的世界极寒的冰原中，暖水湖的成因确实是一个谜。

旧谜未解，新谜又起。前不久，在意大利罗马召开的南极考察学术交流年会上，俄罗斯的地质冰川学家卡皮茨亚博士指出，南极冰盖下掩埋着一个巨大的湖泊。这个湖泊在前苏联的南极"东方站"附近，在3800米深的冰盖下，长约250千米，宽约40千米，呈长椭圆形，湖水深度为400米左右。这个神秘而奇特的冰下之湖，被称作"东方湖"。于是，东方湖的成因，引起各国冰川学家们的争议。

知识小链接

电磁波

电磁波是由不同波长的波组成的合成波。γ射线、X射线、紫外线、可见光、红外线、超短波和长波无线电波都属于电磁波的范围。肉眼看得见的是电磁波中很短的一段，从0.4~0.76微米这部分称为可见光。可见光经三棱镜分光后，成为一条由红、橙、黄、绿、青、蓝、紫七种颜色组成的光带，这光带称为光谱。其中红光波长最长，紫光波长最短，其他各色光的波长则依次介于其间。波长长于红光的（>0.76微米）有红外线有无线电波；波长短于紫色光的（<0.4微米）有紫外线、γ射线、X射线等。

美国的冰川学家曾提出压力消融说，认为是冰盖上部冰的压力使冰消融变成水。但仅仅是压力就能将冰消融成这么浩大的湖泊，不能说服更多的科学家。俄罗斯科学家提出地热融化说，认为是地球内部涌出的地热使冰盖底部融化形成浩淼大湖。但由于在冰盖岩盘打孔困难，南极大陆热流还无法测定。一些学者提出反问，在已知地热温度不高的南极大陆，其冰盖下的冰难道真的是被地热融化的吗？

因此，一些人把范达湖与暖水湖联系起来，甚至展开了丰富的联想，比如有关湖水的成分、湖底的沉积物、湖水中有无生命等。弄清南极大陆湖泊的真相，也许可揭开冰川学、古环境以及地球环境演变的许许多多的谜。

🔘 湖底炮声

印度有一个湖，名字叫劳弗里弗亚湖，面积大约 400 平方千米。英国殖民主义者入侵印度以后，有一个名字叫司密斯的英国军官带领军队驻扎在劳弗里弗亚湖边。一天晚上，突然从湖里传出来一阵阵震耳欲聋的炮声，一下就响了好几天，折腾得司密斯和士兵们吃不好饭、睡不好觉。一次，7 个英国士兵正沿着湖边巡逻，突然又从湖里传来几声"轰隆隆"的炮声，只见他们立刻就倒在地上死去了。

司密斯听到这个消息，急忙跑了过来。那时候，印度的老百姓恨透了英国侵略者，不愿意受他们的欺压，只要抓住机会，就袭击英国士兵。司密斯朝着周围看了看，心想："这件事情是不是当地人干的呢？"可是，他仔细一检查，那 7 个士兵的尸体上却没有发现一点儿伤痕。这是怎么回事儿呢？司密斯不由地感到一阵恐慌。

没办法，司密斯只好把当地为英国侵略者效力的官员们，召集到一个叫安特里姆湾的地方开会，商

劳弗里弗亚湖

量对策。谁知道，会议刚刚开始，不知道从什么地方又响起了"轰隆隆"的炮声。司密斯和那些官员们吓得一个个面色如土，胆战心惊，乱作一团。司密斯费了好大的劲儿才镇静下来，仔细听了听，这炮声好像是从劳弗里弗亚湖中央一个叫朗福德洛德角的地方传出来的。于是，他连忙命令士兵们乘上船只，朝着朗福德洛德角划了过去。

可是，英国士兵们赶到朗福德洛德角，那炮声却不响了。士兵们搜查了

好半天，什么也没有发现，最后只好撤了回来。司密斯听了士兵们的报告，想："看起来，这神秘的炮声是从湖底传出来的?"

那么，为什么会从湖底传出来炮声呢?

面对这种现象，科学家们提出了各种看法，却没有什么说服力，只有恩格尔的看法还有些道理。恩格尔是一个地质学家，他认为地底砂岩层当中聚集的气体，当压力增加到一定程度时，就会向上渗溢，由于被湖底多层紧密的黏土阻挡着，没有办法继续上升。随着这些气体压力的进一步增强，最后终于冲开黏土层猛烈膨胀而发生爆炸。因为这种爆炸不是发生在水面，而是水下，爆炸声是从湖底传到水面上来的，所以人们听起来就摸不清方向；爆炸的时候，会释放出一氧化碳、二氧化碳和硫黄的氧化物。人和动物闻到以后，就会中毒死亡。

知识小链接

硫 黄

硫黄别名硫、胶体硫、硫黄块。外观为淡黄色脆性结晶或粉末，有特殊臭味。硫黄不溶于水，微溶于乙醇、醚，易溶于二硫化碳。作为易燃固体，硫黄主要用于制造染料、农药、火柴、火药、橡胶、人造丝等。

有的科学家不同意恩格尔的这种说法，认为湖底传出来的炮声和散发出来的毒气，是由于湖底火山突然爆发产生的。所以，湖底的炮声之谜一直到现在也没有真正解开。

非洲的喀麦隆，有一个十分出名的湖泊，叫"尼奥斯火山湖"。1986年8月21日至26日，突然从尼奥斯火山湖里边喷射出了一股股含有硫化氢的有毒气体，使1746人死亡，437人进了医院。当时喀麦隆总统比亚怀着沉痛的心情，向全国人民宣布，把8月30日这天定为"全国哀悼日"，用来悼念在这次灾祸当中遇难的人们。

有人认为，尼奥斯火山湖喷出来的毒气，是由于火山爆发产生出来的。可是，科学家们通过化学分析，发现靠近湖底水层里同典型的高温火山活动有关的硫、卤素和其他化学物质并不多。这就是说，尼奥斯火山湖根本就没有发生过什么火山爆发。

　　尼奥斯火山湖的这个谜还没有解开，人们又发现了另一个谜团。原来，就在尼奥斯火山湖喷发有毒气体的前夕，人们曾经听到了从湖底传出来一阵阵"轰隆隆"的炮声。这到底是怎么回事呢？有一些人认为，其实人们听到的炮声，是火山爆发时产生的。可是，好多人都不同意这种说法，他们说：当时，人们的确听到的就是炮声，根本就不是什么火山爆发时发出来的声响。人们争来争去，谁也说服不了谁。这样，这来自尼奥斯火山湖底的炮声，也成了一个难解之谜了。

　　人们也把这种来自湖底的炮声叫"水炮"。早在 100 多年前，世界各地就出现过好几次这种现象，还做了好多有关"水炮"的报道。关于"水炮"的最早记载，是在 1871 年的时候。世界上最著名的"水炮"，是"巴里萨尔之炮"。巴里萨尔是印度恒河三角洲的一个首府。在巴里萨尔一带，人们经常能够听到从水底发出的炮声。有一次，巴里萨尔一带的河水当中，又传出来一阵阵"轰隆隆"的"水炮"声。有一个名字叫斯柯特的地质学家亲耳听见了这种炮声，就写下了一篇报道。他写道：寂静的夜晚，我们在巴里萨尔附近的河道里停泊。……在这里，时不时地可以听到好像远处炮声一样的低沉的隆隆声，有时是一阵单调的声响，有时却是连珠炮式的轰鸣，好像是距离很远的两军对垒……另一个名叫斯狄尔的探险家也曾经听见过这种炮声。他把这种炮声比喻成了巴拉克塞尔要塞在寒夜里发射的炮声。探险家斯狄尔还说，他听到的炮声是双响的，原来那是很快就传来一个声音大小差不多的回声。

　　居住在巴里萨尔周围的人们，在每年的 2 月和 10 月的时候，经常可以听见"巴里萨尔之炮"的隆隆声。另外的日子里面就显得又平静又沉寂了。"巴里萨尔之炮"还有一个特点，在每年的 2 月和 10 月只要一碰到暴风雨，那炮声就会出现。有一些人说，人们听到的是不是打雷的声音呀？可是，只要亲耳听过"巴里萨尔之炮"的人，没有一个觉得那是打雷的声音，绝对是实实在在的炮声。

恐怖的鄱阳湖

鄱阳湖

在我国江西省北部的都昌县境内，有一个名字叫鄱阳湖的湖泊。鄱阳湖的样子是南部宽阔、北部狭窄，就好像一个长颈的葫芦长在长江下游的南岸。

鄱阳湖的面积有 3500 多平方千米，水深大约有 10 米，是中国第一大淡水湖。它接纳了江西省五大河流的来水，并且与长江相吞吐，构成了一张四通八达的天然水运网。河渠蛛丝网结，湖泊塘堰星罗棋布。鄱阳湖每年平均总入水量有 1500 亿立方米，湖内有 90 多种鱼类，其中价值较大的有鲤鱼、鲫鱼、鲢鱼、青鱼、草鱼等 10 多种。这里还出产贝类、虾、蟹、莲藕和湖草等水生植物。沿湖地区盛产粮食和棉花。所以鄱阳湖素有"鱼米之乡"的美称。

鄱阳湖的景色特别秀丽，湖上有湖蚀崖、湖柱、湖心岛等奇观。到了冬天，这里还会出现世界上稀有的鹤池、天鹅湖、雁湖、野鸭湖，是世界上著名的候鸟观赏区。

鄱阳湖是秀美的。千百年来，许多文人墨客用自己的才华，对它进行赞美，留下了一篇篇不朽的佳作。

鄱阳湖也是神秘的。千百年

拓展阅读

鄱阳湖湿地旅游景观

鄱阳湖湿地公园内河流众多，溪水蜿蜒，农田蔓延，芦苇片片。湖光山色，景色幽静，空气清新，集山水之灵气于一方，形成了融多种风格文化景观为一体的湿地旅游景观。

来，无数的船只在这里转眼之间就神秘地消失，根本就没有一点儿下落，又给人们留下了一个个难解的谜团。

在这里，我们不说那些历史上曾经发生过的沉船事件，只说说日本侵略军在这里的下场。

1945年4月16日这天，鄱阳湖的湖面上飞快地行驶着一艘轮船，船头上插着一面日本的"太阳旗"。原来，这是日本侵略军的一艘运输船，名字叫"神户丸号"。"神户丸号"是一艘2000吨级的运输船，船上有286个日本侵略军官兵，船上装满了金银珠宝和价值连城的古董文物，那全都是日本侵略军在我国抢掠来的。日本侵略军想经过鄱阳湖，出长江口，然后把这些金银珠宝和古董文物运到日本去。

"神户丸号"运输船在鄱阳湖的湖面上飞快地行驶着。船上的那些日本侵略军一个个得意地笑着……

正当"神户丸号"运输船来到离老爷庙2千米的地方时，一件奇怪的事情突然发生了。只见"神户丸号"运输船行到这里忽然不动了，紧接着它就开始悄然无声地沉了下去。船上的那些日本侵略军们吓得惊慌失措，一个劲儿地"哇啦、哇啦"乱叫。不过，转眼之间，286个日本侵略军官兵就不再乱喊乱叫了，随着"神户丸号"运输船和那些金银珠宝、古董文物一起沉入了湖底。鄱阳湖的湖面上，又恢复了往日的平静……

驻扎在江西省九江市的日本侵略军听到这个消息，立刻命令一个叫山下提昭的军官带领一支优秀的潜水队，前去鄱阳湖打捞"神户丸号"运输船和船上的金银珠宝、古董文物。

老爷庙一带的水深有30多米。山下提昭带着潜水队赶到这里以后，他命令一个潜水队员先到水下去看一看情况。那个潜水队员说了声："是！"就"扑通"一声跳了下去。山下提昭两只眼睛死死地盯着湖面。

时间一分一秒地过去了。等了半天，那个潜水队员也没有露出湖面。接着，山下提昭又指着一个潜水队员说道："你再下去，看看到底发生了什么事情！"第二个潜水队员整理了一下潜水服，"扑通"一下也跳下了水。没想到，这个潜水队员再也没有露出湖面。山下提昭看到这种情况，顿时从心里冒出了一股凉气，可是任务没有完成呀，只能再接着让潜水队员们下去。

就这样，山下提昭手下的那些潜水队员一个一个地跳了下去，但都没有回来。最后，山下提昭看了看身边，已经没有一个潜水队员，只剩下自己一个人了，心里顿时感到了一种恐慌。他深深地吸了几口气，低着脑袋看了看湖面，只好一咬牙，猛地一下朝着湖水跳了进去。一会儿，山下提昭露出了湖面，只不过两手空空，什么也没有找到。只见他精神恍惚地返回岸上，立刻就张着大嘴一个劲儿地"哇啦、哇啦"乱叫，精神失常了。

从那以后，日本侵略军再也不敢到鄱阳湖去打捞"神户丸号"运输船，再也不敢打捞那些本来就不属于他们的金银珠宝和价值连城的古董文物了。

抗日战争胜利以后，国民党政府请来了美国一个叫爱德华·波尔的著名潜水打捞专家，前来打捞日本侵略军"神户丸号"运输船上的财宝。1946年夏天，爱德华·波尔带领他的潜水队员们来到鄱阳湖老爷庙水域，用了好几个月的时间，也没有找到这些财宝，还有几个潜水队员在打捞中失踪了。让人感到特别奇怪的是，爱德华·波尔和那些活着回来的潜水队员，不管人们怎么询问他们的打捞经过，他们死活就是不肯说出来。

一直到40年以后，爱德华·波尔才在《联合国环境报》上发表了一篇回忆录，说出了他们那次在鄱阳湖老爷庙打捞日本侵略军"神户丸号"运输船上那些财宝时碰到的事情。他说："我和3个同伴潜入鄱阳湖底后，在水下认真地搜寻，将周围几千米的水域搜了个遍，奇怪的是竟没有发现一点船骸。庞然大物'神户丸号'哪里去了呢？我们沿着湖底继续向西北方向搜寻。就在这时，忽然觉得眼前一亮，前面不远处出现了一道耀眼的白光，并射向了我。顿时，平静的湖水出现了剧烈的骚动，耳边传来一阵刺耳的怪声。我还没有来得及看清楚，一股强大的吸引力将我紧紧地吸住，我逐渐进入了麻木状态，随着吸引力昏昏向前。突然，我的腰部被什么东西重重地顶了一下，神智猛然清醒，我抱住身边的一个木箱，与引力抗衡起来。"

爱德华·波尔在回忆录里接着说道："我看见一道长长的白光，在湖底翻卷游动。我的几个潜水伙伴随着白光的吸力翻滚而去，从此下落不明……"最后，爱德华·波尔拼命地挣扎，才脱离了危险，回到了湖岸。

那么，他看到的那道白光，到底是什么呢？他碰到的吸引力又是什么呢？谁也不知道。

广角镜

流 星

流星是指运行在星际空间的流星体在接近地球时由于受到地球引力的摄动而被地球吸引，从而进入地球大气层，并与大气摩擦燃烧所产生的光迹。流星体原是围绕太阳运动的，在经过地球附近时，受地球引力的作用，改变轨道，从而进入地球大气圈。流星有单个流星、火流星、流星雨几种。

老爷庙是鄱阳湖水域的中心地带，坐落在都昌县落星山东南 5 千米处的湖岸山坡上。据说，200 年前，有一颗巨大的流星曾经坠落在这里，所以人们就把那座山叫"落星山"。根据都昌县航标站的一份资料记载：1970 年夏天，老爷庙一带水域曾经出现了一种特别神奇的东西。当时看到这种东西的人说，那是一种人们从来没有看见过的怪物，它的模样就好像是一个几十丈长的大扫把一样。有的人说，那个怪物好像是一条白龙。还有的人说，那怪物好像是一个张开口的大降落伞，而且浑身长满了眼睛。尽管人们说得不怎么一样，可他们都说那怪物出现的时候，天空中都是风雨交加，亮着闪电，还伴随着一阵阵震耳的呼啸声。

1980 年，江西省政府组织了一支专家考察队，来到鄱阳湖老爷庙水域，打算搞清楚这里的奥秘。考察队先在老爷庙附近建立了 3 个气象观察站，开始仔细认真地观察。

后来，考察队发现，老爷庙水域的沉船事件差不多都是发生在人们没有一点儿准备的时候。这时候，天气突然变得特别坏，湖面上顿时黑雾迷漫，伸手不见五指。而且狂风突起，巨浪滔天，风声和浪涛声发出一阵阵怪啸。不过，从突然刮起狂风、掀起浪涛，到船只沉入湖底，这段时间特别短，一般只有几分钟。

考察队经过测量发现，老爷庙和埃及金字塔狮身人面像、美洲的百慕大三角海域都处在同一条纬线上。另外，老爷庙的设计位置更是叫人感到惊叹，它三角形庙宇的 3 个角和平面锥度相等，不差一分一毫。形成了一个很强的立体视角，不管人们站在哪个角度，始终和老爷庙面面相对。

1980 年，考察队来到鄱阳湖的时候，驻地的海军部队派出了几位优秀的潜水员协助专家们进行考察。这几个潜水员潜入湖底仔细搜寻，可是方圆几十千米都看不见一只沉船的影子。要知道，鄱阳湖在千百年来有无数只船在这里沉没呀，为什么它们全都不见了踪影呢？这到底是怎么回事？

潜水员里有一个叫申大海的人，他面对这些问题感到特别纳

鄱阳湖畔的老爷庙

闷，也有点不服气，想："不行，我一定要把这件事情弄明白不可！"有一天，他叫上助手小王，又一次来到老爷庙以西 3 千米的地方。申大海让小王在湖岸等着，他穿好潜水服，就跳进了水中。小王在湖边等着，一直等了 3 个多小时，还是不见申大海露出湖面。这下，小王可急坏了，急忙鸣枪报警。潜水队员们听到枪声，急忙赶到湖边，到湖水里分头进行搜寻。可是，他们搜寻了半天，也没有发现申大海的踪影。

第二天下午，附近的一个农民急急忙忙来到考察队，说："在老爷庙后边 15 千米的昌芭山湖发现一具潜水员的尸体。"考察队和潜水员们赶紧来到昌芭山湖边一看，那具尸体就是申大海。只见申大海静静地躺在岸边草丛中，早就死去了。人们的心里感到特别纳闷：昌芭山湖这个地方大约有 20 平方千米，四周环山，是一个跟鄱阳湖根本不相通的死湖，而且比鄱阳湖的海拔要高出 12 米。另外，昌芭山湖离老爷庙远隔大约有 15 千米。申大海从老爷庙下水，怎么会在昌芭山湖出现了呢？这简直是太奇怪了。

1994 年 2 月，美国的那个爱德华·波尔又带领着一支考察队，来到鄱阳湖进行考察。可是，他们还是没有一点儿收获。

神秘的鄱阳湖，人们什么时候才能揭开你那神秘的面纱呢？

扑朔迷离的岛屿

　　岛屿是指四面环水并在高潮时高于水面的自然形成的陆地区域。大规模的岛屿群称作"群岛"或"诸岛"。全球岛屿总数达 5 万个以上，总面积约 997 万平方千米，约占全球陆地总面积的 $\frac{1}{15}$。幽灵岛、巨人岛、火炬岛、墓岛、死亡岛，扑朔迷离的岛屿给人们留下了种种猜测。

难解的复活节岛巨像之谜

1722年复活节这一天，荷兰航海家罗杰温和他的同伴们在太平洋南部海域航行时，意外地发现了这个无名的岛屿，并高兴地将这个岛屿命名为复活节岛。

第二天清晨，当罗杰温还心满意足地沉睡于梦乡的时候，他的一位助手突然破门而入唤醒了他，并气喘吁吁地报告说，刚才在岛上发现了不可思议的奇迹。

罗杰温赶紧随这位助手跑向"出事"地点，而眼前呈现的奇异景象使他惊骇得几乎说不出话来。岛上的土著居民正在举行宗教仪式，他们点燃起火堆，伏卧在地上，向着他们崇拜的神像喃喃地祈祷着。这些神像高达30英尺（1英尺=30.48厘米），是用巨石凿刻而成的人头像，长耳朵，短前额，大鼻子，面部表情十分严肃，令人望而生畏。而巨石人像的数量之多也是惊人的，仅这一处就达40多个，而在不远处的拉诺·拉拉古山的一面斜坡上竟多达300个！它们有的并靠在一起，更多的是隔50码（1码=91.44厘米）左右一个个地散立着。而每一尊巨石人像的重量都在30吨以上。

罗杰温和他的同伴们面对这孤岛荒岭之上的亘古奇观，不由得产生一系列不得其解的问题：是谁塑造了这些巨石人像？它们产生于什么时代？为什么人们要创造这些面孔冷峻、长相奇特的巨石头像？它们又是怎样被置放在荒丘野岭之上的？

发现者们是航海家而非考古学家，他们自然不能解释这些难题。但是他们带回欧洲的信息，却使复活节岛上的怪石之谜成了近几个世纪欧洲学者热衷探讨的一个课题。

◎传说 "鸟人" 雕凿巨像

复活节岛远离任何大陆和文明，但岛上的居民却比任何其他国家的人们都更熟悉月亮和星星。很巧的是，当地居民称呼他们的岛为"鸟人之地"，一直到今天他们仍然这样称呼。一个口头的传说告诉人们，古代一些会飞的人在这里着陆并点燃了火焰。

研究者认为，石像是在岛的东南端一个火山石场雕凿的，在那里现在还可以看到雕了一半的石像。雕成的石像被拉到平台上放好，平台的下面埋葬着死者。放射性碳测试表明，最早建造竖有石像的平台，约在公元90年。为什么要雕凿这些石像？在没有树木的岛上，这些石像是用什么方法和交通工具运到平台上去的？这一直是一个谜。围绕着这个谜，众说纷

复活节岛巨像

纭，各执己见。有人认为，岛上的古人是不可能雕凿和运输这些石像的，这些石像是外星人雕凿的。传说一些会飞的人曾在岛上着陆，而岛上的睁大着双眼的雕像，就是这些飞人的肖像。某些人据此推测，外星人的飞碟因失事而在岛上迫降，为了使救援飞碟能找到他们，一小群外星人按自己的相貌雕凿了这些巨石像，后来救援飞碟来到了，这些外星人丢下没雕完的石像飞走了。尽管这种说法有些荒诞，但叙述这种观点的书籍，在西方却十分畅销。

◎巨像之谜探究

复活节岛属智利领土，在南太平洋，距智利海岸约3600千米，当地人叫"拉帕努伊岛"，意思是"世界的中心"、"地球的肚脐"。自从荷兰探险家1722年复活节那天在该岛登陆后，该岛又叫"复活节岛"了。

这个很小的孤岛，周围只有60千米，人烟稀少。岛上没有森林河流，没有矿产良田。有的只是裸露的岩石，萋萋的荒草。就是这样一个几乎与世隔

绝的荒岛，却因岛上矗立着巨大石雕像群而成为举世瞩目、闻名遐迩的地方。

巨像分布在岛四周，排列在海岸，共有 450 多尊，每尊高达 10 米。最高的 20 多米，重达 100 多吨。半身像居多，安放在石砌的台座之上。巨像造型奇特，个个高鼻大耳，雄浑生动。有的还戴着石帽，留着胡须。部分石像横倒侧卧，埋没于荒草丛中。

是什么人、为了什么目的雕刻这些石像的? 取材何地，用何工具运到再竖立起来的? 这些谜团，引起人们浓厚的兴趣。多年来，各国科学家、探险家、考古学家、航海家纷至沓来，力求解谜而未果。

英国学者詹姆斯在他的《消失的大陆》一书中，曾提出巨像是古大陆人类文明遗迹的见解。这种见解长期以来被认为是科学的论断，很多文献或教科书经常引用，流行一时。

詹姆斯在书中写道，古时在太平洋有很大一片陆地，这片大陆西起斐济岛，东至复活节岛，陆上住有 6400 万人，有 5000 万年的悠久文明历史，石像可能是那时建造的。在距今约 1.2 万年前，因火山爆发和地震，这块大陆沉没洋底，复活节岛只是幸存的残岛。詹姆斯见解的根据是在太平洋某些岛屿，发现有大陆性动植物和大陆性地块。

可是，詹姆斯学说与人类学、地球物理学的结论不符。现代科学证明，地球上猿人出现最早也不超过几百万年，人类文明史连 1000 万年也达不到，更谈不上 5000 万年了。

根据现场发掘考察和对石像放射性 ^{14}C 的测定，复活节岛石像是 5 世纪建造的，并不像詹姆斯所说的那么古老。石像建造年代与大陆沉没年代，上下差距达万余年，年代不符，说明石像不是古大陆文化遗址。

拓展阅读

地球物理学

地球物理学是地球科学的主要学科，用物理学的方法和原理研究地球的形成和动力。地球物理学研究广泛的地质现象，包括地球内部的温度分布；地磁场的起源、架构和变化；大陆地壳大尺度的特征，诸如断裂、大陆缝合线和大洋中脊。现代地球物理学研究延伸到地球大气层外部的现象。

另据英国专家夏普对南太平洋海域的考察，认为至少在几万年内没有陆地沉降现象。复活节岛现在的海岸线，仍和石像建造年代的海岸线相近，几万年沉降不到1米。这也说明古大陆沉降说与实际情况不符。

挪威人类学家海尔达尔提出一个比较新的论点，他认为复活节岛的巨像文化起源于南美大陆。他在1947年撰文指出，复活节岛的最早移民并非是来自太平洋岛屿的玻利尼西亚人。其有力论证是：在复活节岛上发现了刻有表意文字的硬木书板，而在岛上一些巨石人像的后颈部位也发现刻有表意文字。但历史学界经过考察一致公认的一个事实是，玻利尼西亚人从未有过书写文字的表达形式。这就是说，复活节岛的最初移民一定是来自有过文字历史的某个其他民族。海尔达尔认为，这个民族就是古代玛雅人的后裔、印加帝国统治以前的秘鲁人。他们不是在公元12世纪左右才来到复活节岛上的，而是早在公元3世纪时就乘芦秆做成的船只漂流到了这里。这些移民即真正的"长耳人"，有很高的石刻技术，他们大约在1100年开始建造"莫埃依"巨石人像。而至15世纪左右，"短耳人"才从马克萨斯群岛迁居到岛上。

海尔达尔在对秘鲁和复活节岛分别进行了实地考察之后，还提出了一个几乎不容辩驳的论证：这就是在秘鲁维拉科察一地发现的石刻人像，其面貌特征与复活节岛上的石刻人像惊人的相似。由此可以断定，复活节岛的最早居民和岛上巨石人像的创造者是秘鲁人。

经过长期的争鸣和多次实地考察，专家们比较多的认为，巨像文化的起源地应在波利尼西亚当地。

波利尼西亚位于太平洋中部，是中太平洋岛群的总称，意为"多岛群岛"。总人口有150多万，多为波利尼西亚人。

多数考古学家和历史学家认为，复活节岛上延续至今的土著居民——玻利尼西亚人，是在12世纪左右定居于岛上的。相传这部分最早的土著居民是乘着木筏，凭借着玻利尼西亚人高超的航海技术，从岛的西北面2000海里以外的太平洋岛屿马克萨斯群岛迁移过来的。这部分"移民始祖"的长相特征是：耳垂很大，因此显得耳朵很长，故被考古学家们称为"长耳人"。这批早期移民在极其艰难恶劣的自然条件下，克服了无数难以想象的困难，终于在岛上顽强地生存了下来。大约14世纪，"长耳人"为了纪念他们的移民始祖所开创的基业，开始在岛上建造巨石人像并将其作为偶像加以崇拜，他们还赋予这些神像以"莫埃依"的尊贵名称。继"长耳人"之后不久，又有一批新的移民从太平洋的其他岛屿迁居到这个岛上。据说他们的耳朵与"长耳人"相比要短小许多，历史学家们为区别起见将这部分居民称为"短耳人"。而"莫埃依"神像，也同样是"短耳人"的崇拜物。

在开始的一段时间里，岛上的两部分居民友好相处，亲如一家。但在两个世纪的和平岁月之后，分裂对抗的不幸局面却发生了。"长耳人"在较长时间里建立的移民优势，逐渐开始压迫并欲统治"短耳人"。不平等现象的日渐增多，终使"短耳人"起而反抗，导致了部落间的战争。经过残酷的搏斗厮杀，"长耳人"逐渐处于劣势并后撤到该岛东端的玻依克高地。他们在那里挖了一条两千米长的沟堑，并填上树干和灌木条点火引燃。但这条大道仅挡住了一部分"短耳人"的攻击，另一部分"短耳人"却机智地避开火道，从高地的另一端攻了上去。这一突袭使"长耳人"溃不成军，他们被赶到了自掘的火道边上，绝大部分人都被活活烧死，生还者寥寥无几。考古学家们对那条堑壕的土层做了碳化分析，估计那场战争进行的时间大约在距今1680年前。

"短耳人"

但秘鲁人也好，玻利尼西亚人也罢，他们为什么要在岛上创造如此巨大、如此众多的人面石像呢？难道仅仅是后人纪念先驱者的"祖先崇拜"心理所致吗？一些心理学家分析，可能是岛上居民在长期与外界隔绝的孤苦、乏味生活中，想从这种富有艺术性的劳动中得到某种寄托和快乐。也可能是他们精神上总陷于苦闷和空虚，要通过建造巨石神像卷入一种狂热的宗教信仰，以得到某种解脱。还有可能是为了对岛上出没的野兽或入岛的外来侵略者形成心理上的威慑力量，才把"莫埃依"神像建造得如此巨大，并个个都是威严可畏的样子。当然，复活节岛的早期居民建造巨石人像的真正动机，现在还无从得知。

◉ 石像取材、 运输、 安放之谜

在这座小得可怜的火山岛上，连一棵树也没有。一般认为岛上巨大的石块是搁在滚木上移到安放地点去的，这种解释在这里是行不通的。而且，岛上最多只能提供 2000 居民的食物。靠航海贸易给岛上的石匠运来食物和衣着，在古代是难以想象的。那么，当时是谁从岩石中开凿石料，是谁加工石料，还把它们运到现在的位置？没有滚木怎么能把它们搬出好几千米远？石像是如何加工、磨光和竖立起来的？

🖋 知识小链接

火山岩

　　火山岩是火山爆发后形成的多孔形石材。火山岩含丰富的钠、镁、铝、硅、钙、锰、铁、磷、镍、钴等矿物质，具有抗风化、耐高温、吸声降噪、调节空气湿度，改善生态环境等功能，被开发利用为现代建筑外装首选石材。

想象力丰富的人曾试图证明，埃及金字塔是靠喊着劳动号子的庞大劳役大军建造的，但这样的方法在复活节岛上是不可能的，因为缺乏人力。要想依靠不到 2000 个人，用原始的工具在铁硬的火山岩上雕凿出这些巨大的石像，即使是夜以继日地干，也是做不到的。那么，这些工作是谁做的呢？他们又是怎样做出来的？为什么石像环立在岛的四周，而不是在岛的中央？他们膜拜的是什么呢？

但最让人困惑不解的谜团，是巨石人像的置放问题。考古学家们已发现岛上所有的石像都取材于一个火山口内的岩层。但岛上居民是怎样把它们运送出来并置放在斜坡或平地上的呢？也许是用滚木运输。但考察表明岛上的土壤条件不可能生成粗大的树木，滚木的原料就成了问题。是用树藤编成绳网套拉牵成的吗？实验表明藤网套在 30 吨重的石像上会一拉就断的。而经测量，从火山岩洞口到斜坡处散放的巨石人像之间的距离，最近的 6 米，最远的 105 米。岛上的早期居民究竟使用什么工具，运用什么方法，将巨石人像

移放到现今位置上的呢？这在今天，也依然是一个未解之谜。

一位富于非凡想象力的德国学者伊里奇·冯·丹尼肯，认为复活节岛上的石像巨作是世界古代奇迹的一个突出表现。他甚至认为石像的作者是几百年前的"外星来客"。尽管这一假说是毫无根据的猜想，但它何尝不是现代人对古代奇迹感到不可思议而生出的感叹呢！

幽灵岛

这里所说的"幽灵岛"指的是海洋中形迹诡秘、忽隐忽现的岛屿，而并非是那种热带河流上常见的、由于涨水或暴风雨冲走部分河岸或沼泽地而形成的漂浮岛。这里所提供的是令人困惑不解的"幽灵岛"现象，以及多年来人们为它所做出的种种推测。

◎ 海岛为何突然失踪

1707 年，英国船长朱利叶斯在斯匹次培根群岛以北的地平线上发现了陆地，但他总是无法接近这块陆地，他完全相信，这不是光学错觉，便将"陆地"标在了海图上。过了近 200 年，海军上将玛卡洛夫的考察队乘"叶尔玛克"号破冰船到北极去，考察队员们再次发现了朱利叶斯当年所见到的陆地。1925 年航海家沃尔斯列依也在这个地区看到了这个岛屿的轮廓。1928 年，当科学家前去考察时，却没有发现任何岛屿的存在。

知识小链接

破冰船

破冰船是用于破碎水面冰层，开辟航道，保障舰船进出冰封港口、锚地，或引导舰船在冰区航行的勤务船。分为江河、湖泊、港湾或海洋破冰船。船身短而宽，长宽比值小，底部首尾上翘，首柱尖削前倾，总体强度高，首尾和水线区用厚钢板和密骨架加强。推进系统多采用双轴和双轴以上多螺旋桨装置，以柴油机为原动力的电力推进。螺旋桨和舵有防护和加强作用。

　　类似的事情在地中海也发生过。那是 1831 年 7 月 10 日，一艘意大利船途经地中海西西里岛西南方海域，船员们目睹了一场奇观：海面上涌起一股 20 多米高的水柱，方圆近 730 多米，转眼间变成一团烟雾弥漫的蒸汽，升到近 600 米的高空。8 天以后，当这只船返回时，发现这儿出现了一个冒烟的小岛。四周海水中，布满了多孔的红褐色浮石和不可胜数的死鱼。这座在浓烟和沸水中诞生的小岛在以后的 10 多天里不断地伸展扩张，由 4 米长到 60 多米高，周长也扩展到 4.8 千米。由于这个小岛诞生在航运繁忙、地理位置重要的突尼斯海峡，因此引起了各国的注意，并派人前往考察。正当各国在为建设这座新岛、彼此间争夺其主权的时候，这个岛忽然开始缩小，仅 3 个月便隐入了水底。但它并未真正消失，在以后的岁月，它又多次出现，直到 1950 年，它还表演过一次。于是它就成了名副其实的"幽灵岛"。

　　1943 年，日本海军、空军在太平洋和美军交战中节节失利。设在南太平洋所罗门群岛拉包尔的日本联合航洋总部遭到美国空军猛烈轰炸。为了疏散伤病员和一些战略物资，日本侦察机发现：距拉包尔以南 100 多海里的海域有一个无人居住的海岛。这岛上绿树成荫，有小溪流水，几十平方千米的面积，又不在主航道上，是一个疏散、隐藏伤病员的好

斯匹次培根群岛

地方。于是日军将 1000 多名伤病员和一些战略物资运到这荒无人烟的海岛上。伤病员安居后，日军总部一直和这里保持联系，经常运来食品和医疗用品。谁知一个多月以后，无线电联系突然中断。日军总部担心美军袭击、占领该岛，马上派出飞机、军舰前来支援，但再也找不到该岛。1000 多人和物资也随小岛一起消失了。美国侦察机也发现过该岛，并拍了详细的照片，发

现有日军躲藏，派出军舰前来搜索，也同样扑了个空。

这海岛和岛上的1000多人哪里去了？战后，日本、美国都派出海洋大型考察船前来这一海域搜索，并派出潜水员深入海洋底部寻找了较长时间，未发现任何踪影。

就在同一时间，是美日大战最激烈的时刻，美军为了监视日本海军、空军在南太平洋的行踪，在马利亚纳群岛海域一个无人居住的小岛上，建造了一座雷达站，发出强大的电波对周围的海域和天空进行探测。它24小时和美军总部保持着联系，不断发出附近海洋和天空的信息，报告日军海军、空军行踪。两三个月后，电波突然中断。美军以为雷达站被日军袭击、占领，派出军舰、飞机前来支援，在马利亚纳群岛海域搜索了几天，再也找不到设有雷达站的小岛。岛上的10多名美军人员也一同和小岛神秘失踪了。美军派出潜水艇在这一带海底搜索，海岛仿佛是有意与人玩捉迷藏，致使寻找者在这个海域团团打转，最终一无所获。

在航海技术空前发达的今天，怪事又出现了。在太平洋的战略要地海域，美国中央情报局于1990年偷偷地在一座无人居住的小岛上，安装了海面遥感监测器，与天上的美国军事间谍卫星遥相呼应，监视前苏联海军、核潜艇在太平洋海域的动态。这座"谍岛"获得的情报可直通五角大楼——美国国防部。凡是在这一带海域过往的商船、军艇及在此出没的潜水艇、飞机等，无不在五角大楼的监视之中。

知识小链接

核潜艇

核潜艇是核动力潜艇的简称，核潜艇的动力装置是核反应堆。目前全世界公开宣称拥有核潜艇的国家有6个，分别为：美国、俄罗斯、中国、英国、法国、印度。其中美国和俄罗斯拥有核潜艇最多。核潜艇按照任务与武器装备的不同，可分为以下几类：攻击型核潜艇，它是一种以鱼雷为主要武器的核潜艇，用于攻击敌方的水面舰船和水下潜艇；弹道导弹核潜艇，以弹道导弹为主要武器，也装备有自卫用的鱼雷，用于攻击战略目标；巡航导弹核潜艇，以巡航导弹为主要武器，用于实施战术攻击。

1991年底的一天，"谍岛"的监察系统和信息突然中断，美国国防部大为震惊。开始，他们怀疑是前苏联的克格勃发现了这个秘密，有意破坏了美国的间谍网点。于是美国派出了一支以巡洋演习为名的舰队，悄悄地调查此事。谁知，却扑了一个空，舰队赶到出事地点时，"谍岛"已经从大洋中消失了。美国的科学家们认真地核查了这一带的海洋监测系统，并没有发现这一带海域发生过地震或海啸引起海底地形变化。使小岛沉没水中的另一种可能是前苏联埋下了数千吨炸药，摧毁了这个小岛。但该岛处于美国间谍卫星的严密监视中，像这样大的行动不可能不被发现。再说就算前苏联知道此秘密，也没有必要兴师动众炸毁该岛，只要摧毁岛上的设备就可以了。那么"谍岛"是如何失踪的？美国国防部陷入了茫然不知所措之中。

美国国防部的科技人员认真地分析了从太平洋上空过境的卫星高分辨率遥感彩色图像和空中拍摄的照片，结果发现："谍岛"是在原位上失踪的，但去向如何，仍是谜团。

◉ "幽灵岛" 为何来无影去无踪

茫茫大海中的"幽灵岛"是怎样形成的？这成为世界海洋科学家们的热门话题。他们在研究和探索上下了很大工夫。

日本的海洋地质学家经过细致研究与调查，认为南太平洋上那些来去匆匆的"幽灵岛"是因为澳大利亚的沙漠底下巨大的暗河流冲入南太平洋的海底，带来巨量的泥沙，在海底堆积增高，直至升出海面，形成泥沙岛，然而在汹涌暗河流的冲击下，泥沙岛又会被冲垮，因而消失。

"幽灵岛"

而美国的海洋地质学家高罗尔却不同意这样的看法。他认为太平洋上的"幽灵岛"并非由泥沙堆积而成，岛上的基础是花岗岩石，岛上有茂盛的植物和动物群，因此，它形成的年代长久，是汹涌的暗河流冲击不垮的，为什么"幽灵岛"会突然消失呢？他认为由于海底强烈地震和海啸使它葬身海底。因为"幽灵岛"出现的海域是地震频繁活动的地区。高罗尔教授还认为：如果太平洋西北部的海底板块由强烈大地震产生大分裂，日本本岛、九州也同样会沉没在碧波万顷的大海之中，会有和"幽灵岛"同样的命运。他认为自己的说法并非危言耸听。

但高罗尔的论证又无法解释美国"谍岛"失踪之谜，因"谍岛"在美国间谍卫星严密监视之中，它消失之时，这一带海域并未发生任何地震和海啸。它是因何而消失的呢？

1994 年，澳大利亚的海洋科学家们发现：在太平洋的珊瑚海域有几个珊瑚岛突然失踪了，又有一大片珊瑚礁突然消失了。这一现象引起科学界的强烈关注，澳大利亚专门派出科学考察船来这一海域调查研究。

考察船在珊瑚海域中捕捉到一种状如"飞碟"形的怪"星鱼"，此鱼状似一个大圆盘，直径在一米左右，周身长有 16 只爪子，爪子是"星鱼"取食用的工具。星鱼的游动方式很特别，靠自身转动而前进后退。澳大利亚科学家们给它取了个雅号叫"水中飞碟"。

观察发现，星鱼专门吃珊瑚，而且胃口大得惊人，星鱼群居而生，常常发生吃食竞赛，就如运动场上的比赛一样，在吃珊瑚上比个你高我低，所以有些珊瑚岛的失踪，是被这"水中飞碟"如蝗虫般的蚕食所致。

而美国的"谍岛"是珊瑚岛，因此它是消失在"水中飞碟"的肚子里，这是澳大利亚海洋科学家的看法，揭示了珊瑚岛失踪之谜。

◎ 谜团尚未解开

在大西洋北部，有座盛产海豹的小岛，是由英国探险家德克尔斯蒂发现的，至今已有 100 多年，它被命名为德克尔斯蒂岛。因这里盛产海豹，招来大批的捕捉者，并在岛上建立了营地、修船厂。1954 年夏季，此岛突然失踪。

　　加拿大政府派出了侦察机、军舰前来寻找均无结果。事隔 8 个月以后，一艘在北大西洋巡逻的美国潜水艇突然在航道上发现一座岛屿，潜水艇艇长罗克托尔上校大为震惊：因为他经常在这一带海域航行，航海图上从来没有这样一个岛屿，罗克托尔上校在潜望镜上一看，发现岛上有炊烟，原来有人居住。潜水艇靠岸登陆。上岸一问居民，才知道这是失踪了 8 个月的德克尔斯蒂岛。

　　罗克托尔上校在航海图上一察看。经测量，该岛在原德克尔斯蒂岛的坐标以东 1481.6 千米之处。岛上的人员、设备、营地齐全，他们移位了 1481.6 千米，却一点都不知道。居民们只是奇怪，为什么没有船只来送给养、接走捕捉的海豹呢？当他们得知自己所在的岛屿移位了 1481.6 千米时，才大吃一惊。更令他们难以想象。

　　美国的海洋科学家们对"幽灵岛"的忽隐忽现，怎样会移位，感到不可思议。人们对大自然的神秘莫测，惊奇感叹！到底是什么原因呢？这是一个难以解开的谜团。覆盖地球面积约 $\frac{2}{3}$ 的海洋，科学家们对它的探索、研究正在加快步伐，但"幽灵岛"的谜团何时才能真正解开，人们正拭目以待。

▶ 矮人岛

　　如果你在地图上寻找安达曼群岛，一定可以轻而易举地找到。因为它是孟加拉湾内一组引人注目的岛屿。位于尼科巴群岛北部的安达曼群岛共有大小岛屿 204 个，面积 6372 平方千米。岛屿最长为 499 千米，最宽不到 48 千米。长期以来，人们把北安达曼群岛、中安达曼群岛和南安达曼群岛统称为大安达曼群岛。其他还有兰德法耳岛、韦斯特岛、北安达曼岛等主要岛屿。

　　很多人一定看过小人国和大人国的故事。那么你见过小人国的人吗？世界上最矮的人种就是生活在安达曼群岛上！他们平均身高不到 1.2 米，一般男子的身高也不超过 1.5 米。不管男人还是女人，全都不习惯穿衣服，而是赤裸着身体。他们的脸长得比较大，鼻子直直的，头发黑而且不长，皮肤像漆一样黑。他们张开嘴笑的时候，白白的牙齿显得异常刺眼。

历史学家认为，2000 多年前这些黑人曾在东南亚诸海岛上辗转生活，绝大多数岛屿上还有一万多黑人，可目前大约只有 500 人了。他们是现在居住在地球上的唯一的旧石器时代的人。由于地处偏远，几乎与世隔绝，因此无论他们的身体形态还是他们的文化都没有随着时间的推移而发生明显的改变。他们嚼草根，吃野果，不会耕作，和他们长相酷似的狗是他们唯一的饲养动物。原始型的方箭是他们使用的武器，捕鱼时用 4 个齿的渔叉，射猎野猪时用临时捆绑的箭杆。有时候，他们还从失事的船只上弄些铁下来，做成箭头、小刀。

很早的时候，人们就知道安达曼群岛的存在。9 世纪阿拉伯旅行者和 13 世纪马可·波罗都曾谈到安达曼群岛。当时马可·波罗称"安达曼"为"安加曼尼"。15 世纪，又有人叫它"金岛"。1789 年 9 月，布莱尔大尉受孟加拉政府的指令在安达曼群岛东南湾的南安达曼岛上建立犯人流放地。这个流放地当时叫康沃利斯港。1844 年，"布里顿"号和"鲁民蒙德"号两艘军舰在群岛附近失事，土著居民以为是向他们进攻，就将船上人员全部杀死，这样的事情经常发生。

拓展阅读

马可·波罗

马可·波罗是 13 世纪来自意大利的世界著名的旅行家和商人。17 岁时跟随父亲和叔叔，途经中东，历时四年多到达元朝。他在中国游历了 17 年，曾访问过当时中国的许多城市，到过西南部的云南和东南地区。回到威尼斯之后，写下著名的《马可·波罗游记》记述了他在东方最富有的国家——中国的见闻，激起了欧洲人对东方的热烈向往，对以后新航路的开辟产生了巨大的影响。

为了制止这样的事情发生。英国决定占领群岛。在 1855 年，他们制定了一项殖民地和囚犯流放地计划。但由于 1857 年的印度兵变，这项计划被打乱了。为了惩罚兵变中的俘虏，英国 1858 年初又在康沃利斯港附近建立了一个新的流放地。1942 年 3 月，日军侵占了安达曼群岛。1945 年 10 月，印度将其收回。随着孟加拉、缅甸和英属圭亚那的移民涌入，群岛上的人口越来越多，

渐渐地繁荣和发达起来。

◑ 巨人岛

在浩瀚无垠的加勒比海上，有个神奇小岛，名叫马提尼克岛。从 1948 年起，10 年左右的时间内，岛上出现了一种令人们迷惑不解的奇异现象：岛上居住的成年男女都长高了几厘米，成年男子平均身高达 1.90 米，成年女子平均身高也超过 1.74 米。岛上的青年男子如果身高不到 1.8 米，就会被同伴们耻笑为"矮子"。

更为奇特的是：不仅岛上的土著居民，而且成年的外来人到该岛来居住一段时间后也会很快长高，例如，64 岁的法国科学家格莱华博士和他的助手 57 岁的理连博士，在该岛上只生活了两年，二人就分别增高了 8 厘米和 7 厘米。40 岁的巴西动物学家费利在该岛上只进行了 3 个多月的考察，离开该岛时竟已长高了 4 厘米。英国旅行家帕克夫人年近花甲，在该岛旅行一个月后也长高了 3 厘米。

由于生活在该岛上的成年人甚至老年人的身材能长高，因而此岛被称为"巨人岛"。其实，不仅人，而且岛上的动物、植物和昆虫的增长尤为迅速。岛上的蚂蚁、苍蝇、甲虫、蜥蜴和蛇等在从 1948 年起的 10 年左右时间都比通常增长约 10 倍，特别是该岛的老鼠，竟长得像猫一样大。

究竟是一种什么样神秘的力量促使该岛上的成年人、动物、植物和昆虫躯体如此迅速增长呢？这种神秘的力量又是来源于何种物质呢？

为了揭开此谜，许多科学家千里跋涉，来到该岛长期进行探测和考察，提出了多种假说和猜测，众说纷纭，莫衷一是。有些人认为，在 1948 年，可能有一只飞碟或其他天外生物坠落在该岛的比利山区，使该岛生物迅速生长的一种性质不明的辐射光，就来自一个埋藏在该岛比利山区地下的飞碟或其他天外来物的残害。但一些科学家对上述说法持怀疑和否定态度，因为世界上究竟有没有飞碟或其他天外生物，到目前为止仍然是一个难以解答的谜。

一些科学家认为，该岛蕴藏着某种放射性矿藏——正是这种放射性物质使生物机能发生特异变化，因而催高了身体。

"巨人岛"的秘密究竟在哪里？至今仍是一个有待科学家们去彻底揭晓的谜。

火炬岛

在加拿大北部地区的帕尔斯奇湖北边，有一个面积仅1平方千米的圆形小岛，当地人称这一小巧玲珑的岛屿为普罗米修斯的火炬，简称"火炬岛"。据说，这一名称源于一个古老的传说：当年，把火种带给人类的普罗米修斯准备返回天宫的时候，顺手将已经没用了的火炬扔进了北冰洋，然而有火焰的一端并没有沉下去，而是露在水面继续燃烧，天长

趣味点击 普罗米修斯盗火

普罗米修斯在希腊神话中，是泰坦神族的神明之一，名字的意思是"先见之明"。主神宙斯禁止人类用火，他就帮人类从奥林匹斯偷取了火，因此触怒宙斯。宙斯将他锁在高加索山的悬崖上，每天派一只鹰去吃他的肝，又让他的肝每天重新长上。

日久，便形成了一个小岛。经过风吹雨打，小岛上的火渐渐熄灭了。但是，即使过了许多年，它依旧有一种神奇的力量，这就是人一旦踏上小岛，就会如烈焰般地自焚起来。

据说早在17世纪50年代，有几位荷兰人来到帕尔斯奇湖。当地人再三叮嘱他们：千万不要去火炬岛。有位叫马斯连斯的荷兰人觉得当地居民是在吓唬他们。他认为：帕尔斯奇湖处在北极圈内，即使想在岛上点上一堆火，恐怕也要费些周折，更不用说是使人自焚了。

因此，马斯连斯对这一忠告没有理睬，固执地邀了几个同伴向火炬岛进发，希望找到所谓的印地安人埋藏的宝物。可是，他们一行来到小岛边时，

当地人的忠告让马斯连斯的几个同伴胆怯起来，都不敢再前进半步。只有马斯连斯一人继续奋力向前划去。

同伴们远远地目送着马斯连斯的木筏慢慢接近小岛，心里都很担心，默默地为他祷告着。时隔不久，他们突然看到一个火人从岛上飞奔过来，一下子跃进湖里。那不正是马斯连斯吗？只见水中的马斯连斯还在继续燃烧。他们立即冲了上去，但谁也不敢跳下去救他，只能眼睁睁地看着他在痛苦中挣扎。

1974 年，加拿大普森量理工大学的伊尔福德组织了一个考察组，在火炬岛附近进行调查。通过细致的分析，伊尔福德认为，火炬岛上的人体焚烧之谜，是一种电学或光学现象。这一观点即遭到考察组的另一位专家哈皮瓦利教授的反对：既然如此，小岛上为什么会生长着青葱的树木？并且，在探测中还发现有飞禽走兽。哈皮瓦利认为：可能是岛上某些地段存在某种易燃物质。当人进入该地段后，便会着火燃烧。

正因为他们都认为这种自焚现象是由某种外部因素引起的，所以他们就都穿上了用特别的绝缘耐高温材料做成的服装，来到了火炬岛上。在岛上，他们并没有发现什么怪异的地方。然而，就在两个小时的考察即将结束时，考察组成员莱克夫人突然说她心里发热，一会又嚷腹部发烧。听她这么一说，全组的人都有几分惊慌。伊尔福德立即叫大家迅速从原路撤回。

队伍刚刚往后撤，走在最前面的莱克夫人忽然惊叫起来。人们循声望去，只见阵阵烟雾从莱克夫人的口鼻中喷出来，接着闻到一股烧焦的肉味。待焚烧结束后，那套耐火服装居然完好无损，而莱克夫人的躯体已化为焦炭。

此后，美丽的小岛更披上了一层恐惧的面纱，让好奇的人们望而却步。此后，从 1974 年至 1982 年，相继有 6 个考察队前往火炬岛，但无一例外地都是无功而返，而且每次都有人丧生。于是，当地政府不得不下令禁止任何人以科学考察的名义进入火炬岛。

如今，火炬岛已是人迹罕至了。然而，它仍旧静静地坐落在帕尔斯奇湖畔，似乎有意等待着人们去揭开笼罩在它身上的神秘面纱。

橡树岛

在加拿大的新斯科舍省，有着一个叫橡树岛的荒凉岛屿，那儿没有人烟，生物种类也不丰富，但许多人都确信，这个岛上埋藏着大批金银财宝。

当初埋下宝藏的人，创造了工程史上的一项奇迹，他们埋得如此巧妙，以至于直到今天，人们还没有解开这宝藏之谜。

1795 年，有 3 位年轻的猎人，驾驶着一艘帆船，来到了这个人迹罕至的小岛。一开始，他们上岛的目的是为捕猎，于是一下船，便深入到岛上的橡树林中。

橡树岛

他们在密密的橡树林中穿行，没找到野兽，却发现一株十分古怪的大树。在这棵大树离地面 3 米多高的地方，有根粗树枝被锯掉了许多，残存树枝的上半部，被划出几道深深的刀痕。接着他们又注意到，这根树枝的下方，地面有些下陷，很像曾经埋过东西的样子。3 位猎人感到十分惊讶，于是立即测量了下陷的部位，发现它基本上是圆形的，直径约 4 米。

这一发现使他们立刻想到，可能是海盗在这儿埋下了宝藏，如果真是这样，岂不是发了大财。3 位猎人感到无比兴奋。第二天清晨，他们又来到小岛，开始了艰苦地挖掘工作。3 位猎人整整干了一整天，一共挖了 3 米深，发现下面有一层橡树木板。胜利在望了，木板下面也许就是梦寐以求的宝藏。猎人们抑制不住兴奋的心情，连夜开工，把木板移走，但结果使他们大失所望，木板下面仍然是泥土。

不过，这并没有使猎人们彻底丧失信心，经过 1 天的休息后，继续抓紧挖掘，又挖了大约 3 米深的泥土，看到的依然是一层木板。就这样，他们辛辛辛苦苦地干了一个星期，总共挖地 9 米深，除了发现第三层木板外，连宝藏的影子也没看见。

这一年的冬天来得很早，阻碍了猎人们继续挖掘的工作。整个冬季，挖掘工作虽然暂时停止，但他们一直在筹划明年春天的计划。3 位猎人坚信，宝藏肯定存在，只要气候条件允许就立即开工。不过，在深达 9 米多的洞穴中，仅凭两只手挖是不行的，他们需要有机械和经济方面的资助。不幸的是尽管 3 位猎人四处求助，却没人愿意把钱投资到这个很深的洞穴中，无可奈何之下，他们被迫半途而废。

10 年以后，一位年轻的医生对橡树岛之谜产生浓厚的兴趣。他组织了一支探宝队，动用了大量人力和机械，经过大约 2 年的苦干，将那个洞穴挖到了 27 米深。这中间每隔 3 米都有一层木板，直到 27 米深时，人们才发现一块非同寻常的大石头，上面刻着许多稀奇古怪的象形文字，但没有一个人看得懂。

这个新发现使人们坚信，挖出宝藏的时候快到了。探宝队决定在冬季来临之前抓紧挖掘，可

你知道吗

橡 树

橡树，大型常绿乔木，原产于印度北方、马来西亚及印度尼西亚一带，现在世界各地均有种植。印度橡树生长可高至 20 米，在热带森林，有些更可高达 30 米。橡树是世界上最大的开花植物，生命期比较长。它有高寿达 400 岁的。果实是坚果，一端毛茸茸的，另一头光溜溜的，是松鼠等动物的上等食品。

是到第二天，一场大祸从天而降，因为在深洞中，突然灌进了足足 15 米深的水，根本无法工作。

探宝队并不因此而泄气，在第一个深坑旁边再挖一个洞，挖到 30 米深后，再挖一条地道通向原先那个坑。这时候，不知从哪儿来的大水立即涌进新坑，使这项工程不得不中止下来。

1850 年，又有一支新的探宝队，企图找到橡树岛上的宝藏。他们运来了大型钻机，在原先的第一个坑里，一直钻到 30 米深，结果发现一条金表链和 3 个断裂的链环。操纵钻机的工人宣称，他感到钻头仿佛在一大块金属之中旋

转。如果真是这样，钻头接触到的物体，会不会是只巨大的藏宝箱呢？没人说得准。然而就在这时，冬天来了，他们只得停工。

第二年春天，大家回到岛上，准备让宝藏重见天日。在离原坑大约1米的地方，他们又挖了一个新坑，到夏天结束之前。这坑已挖掘到33米深，而且钻头感觉到下面有大块的金属。正当大家确信胜利在望时，历史又重演了以往的一幕，大水突然灌进新坑，坑里的工人差一点被淹死。由于抽水工作毫无效果，人们不禁开始纳闷，这神秘的水究竟来自何方？经过一番搜索，他们发现，海滩上有一条巧夺天工的地道，从大西洋直接通往藏宝坑。当然，谁都无法把大西洋的水抽干。于是人们试图造一座大坝来挡住潮水，可建造费用太昂贵，结果没有成功。

后来，其他寻宝者来到岛上，又挖了许许多多坑，弄得这一带面目全非，看上去简直像一个原子弹试验场。尽管人们做出了巨大的努力，可谁也无法克服守护宝藏秘密的人设下的障碍。

1893年，又有一支寻宝队来岛继续发掘工作。人们在原来的坑里再往下钻了45米，掘出了一些水泥般的东西，上面则又是一层木板。更令人惊异的是，钻机还带上来一张用墨书写的羊皮纸。兴奋不已的探宝者抓紧工作，就在这时，他们又发现了一个海水入口，海水再次把深坑淹没，寻宝工程又以失败而告终。

橡树岛的地下究竟埋有什么宝藏？是谁埋下的？至今仍无人能探知这个谜底。

墓 岛

位于太平洋的波纳佩岛的东南侧，有座名叫"泰蒙"的小岛。"泰蒙"小岛有许多延伸出去的珊瑚礁浅滩。在这长约1100米、宽约450米的珊瑚礁基上，矗立着89座大大小小的高达4米的建筑物，这些建筑物系用巨大玄武岩石柱纵横交错垒起来的。据当地人说，这岛是历代酋长的墓葬重地，因而被人称为墓岛。

玄武岩

玄武岩属基性火山岩，是地球洋壳和月球月海的最主要组成物质，也是地球陆壳和月球月陆的重要组成物质。

墓岛充满了神秘的色彩。墓岛上的建筑物半浸在海水中。人们只有在海潮时才能驾小船进去；而在退潮时，那儿是一片淤泥，人们无法进去。当地人说，这是死者的意愿，不让外人侵扰亡灵的安宁。

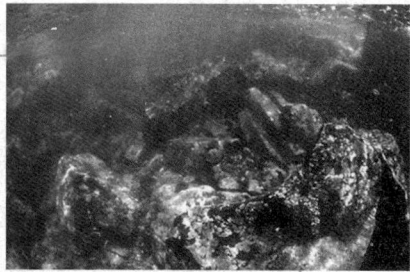

墓岛的气候变幻莫测。阳光明媚的日子，瞬间可能倾盆大雨，其变化之快，令人百思不解。20 世纪 70 年代，日本的海洋生物学家白井祥平曾领略了这种天气的变化。当时，他和两位助手在去墓岛的途中，阳光普照，碧波荡漾。当他们正进入墓岛的时候，忽然乌云密布，大风四起，电闪雷鸣，大雨倾盆而下。当他们不得不撤出墓岛之时，风停雨止，云散日出。据当地人说，这些墓岛建筑物有神秘的诅咒，只有酋长才知道古墓的来历及其秘密机关。酋长年老之后将这些内容口授给继承人，受传者不得向外人泄漏，否则将遭到诅咒。

墓　岛

据说，日本占领波纳佩岛期间，一位日本科学家威逼当时的酋长说出古墓的秘密。结果这位泄密者突遭雷击身亡，而这位科学家在披露古墓秘密的写作过程中也莫名其妙地死了。之后，一位继续整理遗稿的科学家也忽然暴死。而到墓岛去掘墓盗取文物、财宝的人更是难逃厄运。

当然科学家们绝不相信这是咒语的灵验，但发生在墓岛上的许多神奇的事件确实使科学家们感到费解。此外，古墓上的建筑物也让科学家们感到不可思议。

据科学家测定，古墓建筑物已有 800 多年的历史，整个建筑物用了 100

万根玄武岩石柱。这些石柱采自该岛的北岸，再运到墓地。以当时有 1000 名壮劳力参加建筑的话，整个建筑过程至少需要 1550 年。因此科学家认为仅靠人力，这项工程很难完成。到底这一宏大的工程是怎样完成的呢？这还是一个谜。

螃蟹岛

对那些以捕螃蟹为生的渔民来说，位于巴西马拉尼昂州圣路易斯市海岸线外的大西洋上的螃蟹岛简直就是乐土，这里没有人烟，遍地都是螃蟹。当然，除了螃蟹之外，这里也有鳄鱼、巨蟒、豹子和一些狮子。

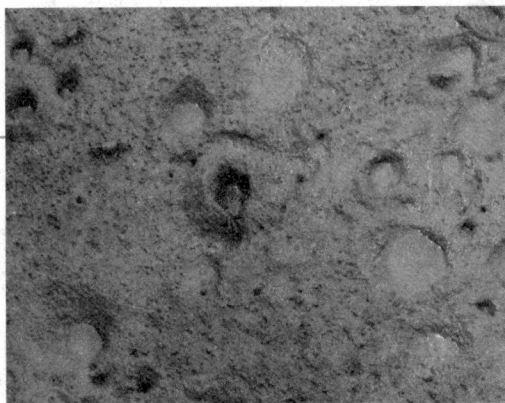

螃蟹岛上的螃蟹窝

通向螃蟹岛的是一层密密的胶泥。这种胶泥散发出一种恶臭气味，而且这种胶泥根本就无法让人踏在上面，到螃蟹岛的人只能迅速匍匐前进，就像军队一样，否则的话就要葬身泥海了。这种恶劣的生存环境竟然能够繁殖出如此多的螃蟹，真是让人百思不解。

不过，更让人奇怪的是关于螃蟹岛的两则传闻：一则传闻是说这上面住着野人；另一则传闻则是说有飞碟拜访过螃蟹岛。而且两则传闻都有作证的证人。

据说，曾经有 3 个渔民来到螃蟹岛上，其中两个去捉螃蟹，一个留下来看守着船只。可是就在那两个渔民刚走没多久，看守渔船的渔民就发现不知从什么地方钻出来一个野人，这个野人朝着渔船又是扔树枝，又是扔石块，显然他并不欢迎这些人来打扰他。吓坏了的看守者连忙呼救，他的两个同伴马上就返回了，不过，就在他们返回不久，野人已经跑得无影无踪了。

　　而有关飞碟的传说是这样的，据说 1976 年，有 4 个渔民来到螃蟹岛抓螃蟹。他们干了一整天后回到渔船上休息去了，可是就在他们休息的时候突然有一阵"呼呼"的声音把他们惊醒了。当他们睁开眼睛的时候，眼前出现了一片红光，渔船上也着火了。不但如此，渔船周围的海面上也起了熊熊大火，结果，两个渔民烧死了，一个渔民烧伤了，但是，渔船却一点也没有烧坏，幸存者战战兢兢地坐着渔船回去，并把这种现象告诉了别人。科学家觉得这一切非常费解，最后只能解释为这是外星人的飞碟袭击了人类。

　　但是，就像那野人一样，以后的人们再也没有遇到这种情况。所以，现在，人们就算想研究也找不到研究对象了。看来，关于螃蟹岛的传闻就要成为永远的谜了。

死亡岛

　　曾听说有"死亡谷""死海"，你听说过有"死亡岛"吗？在距北美洲北半部加拿大东部的哈里法克斯约 1000 米的北大西洋上就有一座令人不寒而栗的死亡岛取名塞布尔岛。

　　塞布尔岛是因为法国人最先发现它时，看到小岛如一片沙漠，所以这样称呼。据地质史学家们考证，几千年来，由于巨浪的冲蚀，小岛的面积和位置已不断变化。最早它是由沙质沉积物堆积而成的沙洲，长约 120 千米，宽约 16 千米。在近 200 年中，沙洲已变成沙漠，岛上十分荒凉，仅剩一些低矮的小草和灌木，长度缩减将近大半，东西长

"死亡岛"——塞布尔岛

约 40 千米，宽不到 2 千米整体向东迁移了 20 千米。地方虽然缩小了，名声却越来越大了。从近代一些国家绘制的海图上看，此处称为"禁航区"。四周布满各种沉船符号。

灌 木

灌木是指那些没有明显的主干、呈丛生状态的树木，一般可分为观花、观果、观枝干等几类。常见灌木有玫瑰、杜鹃、牡丹、黄杨、沙地柏、铺地柏、连翘、迎春、月季、荆、茉莉、沙柳等。

据史学家计算，在此地遇难的船只已不下 500 艘，丧生者已过 5000 人以上，一些船员胆怯地称它为"死亡岛"。在西方广泛流传的有关"死亡岛"的可怕的故事更增加了船员们的畏惧，然而此岛又正好处于从欧洲通往美国和加拿大的重要航线附近。随着国际贸易的发展，大家迫切希望科学家揭开它的奥秘。

为了解释这种恐怖的怪现象，许多学者提出种种假说：有的人认为这是由于"死亡岛"附近海域常发生巨浪，这些巨浪能瞬间打翻来不及躲闪的船舶；还有的人认为，小岛的磁场与其他地方的迥然不同，且瞬息万变，这使得航行于此的船舶上的仪器顿时失灵，从而导致海难发生。而更多科学家认为这主要是因为此岛的位置和面积经常变化，岛的四周又都是大片流沙和浅滩，再加上气候异常，风暴不断，所以船很容易在此搁浅沉没。这似乎揭开了谜底，但仍没有得到充分的科学论证。谜底到底何时揭穿尚需时日。

▶ 来去无踪的岛

1964 年，从西印度群岛传来了一件令人瞠目的奇闻：一艘海轮上的船员，突然发现这个群岛中的一个无人小岛，竟然会像地球自转那样，每 24 小时自己旋转一周，并且一直不停。这可真是一件闻所未闻的怪事！

　　这个旋转的岛屿是一艘名叫"参捷"号的货轮在航经西印度群岛时偶然发现的。当时,这个小岛被茂密的植物覆盖着,处处是沼泽泥潭。岛很小,船长卡得那命令舵手驾船绕岛行船一周,只用了半个小时,随后他们抛锚登岛巡视了一番,没有发现什么珍禽异兽和奇草怪木。船长在一棵树的树干上刻下了自己的名字、登岛的时间和他们的船名,便和船员们一起回到了原来登岛的地点。

　　"奇怪,抛下锚的船为什么自己走动呢?"一位船员突然发现不对劲而大叫起来,"这儿离刚才停船的地方差了好几十米呀!"

　　回到船上的水手们也都大为惊异,他们检查了刚才抛锚的地方,铁锚仍然十分牢固地钓住海底,没有被拖走的迹象。船长心想这是不是小岛本身在移动吗?

　　这件奇闻使人们大感兴趣,一些人闻讯前去岛上观看。根据观察结果,一致认为是小岛本身在旋转。至于旋转的原因,就众说纷纭了。比较多的人认为,这岛实际上是一座浮在海面上的冰山,因潮水的起落而旋转。但真相究竟如何,当时谁也不能断言,只留待以后的科学家们去研究了。

　　过了不久,这座怪岛又从海面上消失,不知所踪。

　　1933年4月,法国考察船"拉纳桑"号来到南海进行水文测量。他们在海上不停地来回航行,进行水下测量作业。突然船员们见到在上一回驶过的航道上竟矗立起一座无名小岛。岛上林木葱茏,水中树影婆娑。可在半个月后,当他们再来这里测量时,却又不见了这个小岛的踪影。对于这个时有时无、出没无常的神秘小岛,大家都莫名其妙,不知真情,只好在航海日志上注明:这是一次"集体幻觉"。

　　3年后,即1936年5月的一个夜晚,一艘名叫"联盟号"的法国帆船航行在南海海域。这艘新的三桅帆船准备开往菲律宾装运椰子。

　　"正前方,有一个岛!"在吊架上瞭望的水手突然一声呼叫,惊动了船上的所有船员。

　　船长苏纳斯马上来到驾驶台,用望远镜进行观察。他清清楚楚地看到了一个小岛。他感到纳闷,航船的航向是正确的,这里离海岸还有463千米,过去经过这里时从未见过这个小岛,难道它是从海底突然冒出来的吗?可是岛上密密的树影，又不像是刚冒出海面的火山岛。

船长命令舵手右转90度，吩咐水手立即收帆。就这样，"联盟号"帆船缓缓绕过了这座神秘的小岛。

这时，船员们都伏在右舷的栏杆上，注视着前方。蒙眬的夜色映衬着小岛上摇曳的树枝，眼前出现的事，真如梦境一般。

此时，船上航海部门的人员赶紧查阅航海图，进行计算，确定船的航向准确无误，罗经、测速仪也工作正常。再查看《航海须知》，可那上面根本就没有这片海域有小岛的记载，而且，每年都有几百、上千条船经过这里，他们之中谁也没有发现过这个岛屿。

知识小链接

罗 经

罗经是一种测定方向基准的仪器，用于确定航向和观测有关物体的方位。罗经分为磁罗经和电罗经两种，现代船舶通常都装有这两种罗经。飞机上也装有罗经。

忽然，前面的岛屿不见了，可过了一会儿，它却又在船的另一侧出现了。船长和他的同事们紧张地观察着出现在他们面前的如同黑色幕布般的阴影。

突然一声巨响，全船剧烈地摇晃起来。接着，船体发出了嘎吱嘎吱的声响，桅杆的缆绳相互扭结着，发出阵阵的断裂声。一棵树哗啦一声倒在了船首，另一棵树倒在了前桅旁边。甲板上到处是泥土，断裂的树枝、树皮和树脂的气味与海风的气味混杂在一起，使人感到似乎大海上冒出了一片森林。船长本能地命令右转舵，但船头却突然一下子翘了起来，船也一动不动了。船员们一个个惊得目瞪口呆。显然，船是搁浅了。

天终于亮了，船员们终于看清大海上确实有两座神秘的小岛，"联盟号"帆船在其中的一个小岛上搁浅了，而另一个小岛约有150米长，它是一块笔直地直插海底的礁石。

好在船的损伤并不严重，船长吩咐放两条舢板下水，从尾部拉船脱浅。

船员们在舢板上努力划桨，一些人下到小岛使劲推船，奋战了 2 个多小时，"联盟号"帆船终于脱险。

"联盟号"帆船缓缓地驶离小岛。2 个小岛渐渐地消失在人们视野之中。这一场意想不到的险恶遭遇，使全船的人都胆战心惊。精疲力竭的船员们默默地琢磨着这一难解之谜。

"联盟号"帆船刚一抵达菲律宾，船长苏纳斯就向有关方面报告了他亲身经历的这次奇遇。当地水道测量局等有关单位的人员听后说，在这片海域从来没发现过岛屿。其他船上的水手们也以怀疑的态度听着"联盟号"帆船船员的叙述。显然，大家都认为这是"联盟号"帆船船员的集体幻觉。

船长苏纳斯不想与他们争辩，他决定在返回时再去寻找这两个小岛，记下它们的准确位置。开船后两天，理应见到的那两个小岛了，他却什么也没有见到。他们在无边的大海上整整转了 6 个小时，还是一无所获，2 个小岛已经消失得无影无踪。苏纳斯虽有解开这个谜的愿望，但他不能耽搁太久，也不能改变航向，只好十分遗憾地驶离了这片海区。

千古惊诧的巨石阵

　　巨石阵的意思为"石头围栏"，指在英国发现的一种圆形构筑物，周围有埂和沟。1130年，英国的一位神父在一次外出时，偶然发现了巨石阵，从此这座由巨大的石头构成的奇特古迹，开始引起了人们的注意。但时至今日，人们依然没有解释清其中的谜团。

👁 巨石阵之谜

关于巨石阵，人们已做过各种数不胜数的描绘。某些出于热情想象的文章，对于解开巨石阵的谜没什么作用。还有一些文章提出了似乎可行的理论，其中有一种理论是根据已知的巨石阵历史进行天文演算。对于这些理论和建造巨石阵的意图，我们放到后面再去考虑。我们首先要探讨 3 个问题：巨石阵究竟是什么？它是什么时候建造的？怎样建造的？

知识小链接

巨石阵

巨石阵又称索尔兹伯里石环、环状列石、太阳神庙、史前石桌、斯通亨治石栏、斯托肯立石圈等名，是欧洲著名的史前建筑，位于英国威尔特郡索尔兹伯里平原，建于公元前 4300 ~ 2000 年。

经过细致的地层发掘和放射性碳的测定，考古学者已经弄清，巨石阵的建筑是分 3 个时期建造的。

最早的建筑活动大约始于公元前 2800 年。开始建筑巨石阵第一时期时，只限于外围的圆沟和土岗，这些沟和岗的内侧排着 56 个地坑。土岗标本经放射性碳分析，确定了这一建筑的时间。巨石阵东北侧的沟和土岗被切断以作进口之用。在早期建筑活动中，人们把一块庞大、笔直的巨石——"踵石"，竖立在距进口大约 100 英尺（1 英尺 = 30.48 厘米）以外的地方。沟是在天然的石灰土壤里挖出来的，挖出的土方正好作为土岗的材料。圆形的土岗直径为 300 英尺，由于表土侵蚀，土岗的高度距现在的地面不到 2 英尺，但人们认为，原来它的高度达 5 或 6 英尺。

另一个直径为 288 英尺的圆则由 56 个地坑组成，现在通常称为"奥布里坑群"。这是以它们的发现者奥布里的名字命名的。他是 17 世纪的一个巨石阵考察者。这些是接近正圆的坑，直径 2 ~ 6 英尺，深度 2 ~ 4 英尺，平底。

考古学者们发现，当初掘好土坑后，曾重新用原来的灰土填满。最初的填料中，有时还杂有人的骨灰。以后，"奥布里坑群"曾不断被掘开，并填进更多的骨灰以及诸如编织用的骨针，成片的燧石等日用器件。

在第一时期的建设中，直立的踵石一定是为了使人们注意到这样一个圆沟、土岗和坑群的结构。踵石独立于整个巨石阵之外，是一整块砂岩，原来也有自己的一小圈土岗围绕。巨石阵后来两个时期遗留下来的石头也是砂岩，这种砂岩在巨石阵周围约 18 英里（1 英里≈1.61 千米）的范围内是到处可见的。踵石高 16 英尺，重约 35 吨，在所有被用来建筑巨石阵的砂岩材料中，它是唯一没有经过加工的。正如某些观察家所指出，选择这块踵石，可能就是为了它的大小和形状，底部几乎呈长方形，向上则形成钝角。

大约从公元前 2000 年开始，由于增加了其他直立的石头，巨石阵第二时期的面貌发生了变化。就在原来的土坑群内圈，先竖立了 80 根蓝砂岩柱群，列为两排，组成一个月牙形或者半圆形。蓝砂岩是指火成粗武岩，因呈微蓝得名，特别在潮湿时更是如此。英国地质学家赫伯特·托马斯在他的岩石研究中，曾有过一个有趣的发现：那些蓝砂岩（有的重达 4 吨）是从威尔士的一个产地运来的，那地方在巨石阵东北面，距离遗址达 135 英里。

阿特金森是有关巨石阵的主要考古学家，他对运输这些石头的可能性进行了探

蓝砂岩

索。在阿特金森的著作《巨石阵》里，他描绘了最可行的运输方法，即使用船只或木筏，沿海岸线和大河支流进行运输。这条运输线只有 20 英里的陆路。据阿特金森的观点，在陆路上，石头一定是用橇具运输的。另一条路线，是横渡亚芬河，这样，留下的陆路大约只有 2 英里。

阿特金森还提醒人们，巨石阵的建筑者没有使用过任何有轮运载工具和驮畜。目前，在威尔士和爱尔兰的一些农场里，仍然在使用旱橇。阿特金森

不但作了理论阐述，而且付诸实践。在《巨石阵》一书中，他描述如下：

根据我的要求，用大约 6 英寸见方的木材制成 9 英尺长、4 英尺宽的橇具。用绳子把两块蓝砂岩固定在橇具上，32 个小学生在一根大拖绳旁排成 4 列横队，将橇具曳过沙滩……每一队人都齐胸握住一根棍子，大缆绳的一端就紧固在棍子上。可以发现，在 4 度的斜坡上（每走 15 英尺升高 1 英尺），他们刚好拖得动这重 3500 磅（1 磅≈0.45 千克）的橇具。如在橇具的滑板下加上滚筒，拖橇具的人就能从 32 个减少到 14 个，即减少 56%。

在最好的情况下，考古学也难得能够表现出历史的进程，然而，诸如这样的试验，却能揭开笼罩在某些技术问题上的历史迷雾。阿特金森又推算出，大约需要 110 个人就能把那块最重的祭坛石运进巨石阵来。

在第二时期，巨石阵除了竖起蓝砂岩柱群，还增加了一条大道，它实际上加宽了原来的入口，可能也就因此使入口成为巨石阵的主要部分。这条大道的延伸部分宽约 50 英尺，两旁原有土岗夹持，现已不易辨认。大道的修建从亚芬河一直通向巨石阵中心。这条路经过精心选择，它所通过的地形都是平缓的斜坡。修建者设计周密，尽量避开了陡坡和其他地形上的障碍。这一事实说明蓝砂岩很可能首先用木筏经亚芬河水运，然后再通过这条大道把它们送进工地。

踵石现在虽已偏离大道的中心线，却不仅依然直立，而且周围还有一圈窄而陡的小沟。此外，人们认为原来还有两块石头立在大道中心线上。

石方工程的水平在巨石阵第三时期更有提高。就从这时起，巨石阵才有了今天人们看到的石梁石柱的雄伟面貌。最后也是最重要的建筑时期大约始于公元前 1500 年，第二时期的蓝砂岩也就是在这时废置不用的。接下来的建筑，就是竖起 5 个砂岩三石塔。这其实就是拱门：两根重 40～50 吨的直柱，上面架着一根横

蓝砂岩柱群

梁，是嵌合在直柱顶上的。这些拱门形成了一个个新马蹄形，开口对着仲夏日出方向。

为了这第三时期的建筑，从莫尔巴勒滩地运来了80多块巨大的砂岩。5个三石塔完工以后，剩下的砂岩被用来建造一个外围大圆圈，同样是柱梁结合的结构，每根横梁都凿得稍有弯度，从而使一根根横梁大致上接合起来，形成一层圆圈。后来，原来被拆卸的蓝砂岩又重新竖立在这砂岩柱群中间。

巨石阵位于远离城市的荒野。这个不大的土石圆阵具有一种奇特的尊严感。究竟是谁建造了它？关于这一点，许多世纪以来众说纷纭，形成了巨石阵的各种故事，每一故事都曾流传一时。中世纪时，有一种说法是巨石阵与魔法有关。蒙默斯的杰弗里是中世纪编年史的作者，他曾谈到亚瑟王的法师和谋臣梅林，

拓展阅读

享 殿

享殿是供奉灵位，祭祀亡灵的大殿，也泛指陵墓的地上建筑群。位于陵寝中轴线上的供奉饮食起居的寝宫前，是陵宫内最为重要的祭享殿堂。

并记载了梅林作法把巨石阵从爱尔兰运到英格兰以作葬地之用的功绩。17世纪中期，另一作者约翰·韦布把巨石阵的来历归因于古罗马人，认为是他们建造了巨石阵作为天神西拉的享殿。1663年，查理二世的宫廷医生查尔顿发表了自己的看法。他认为遗址是由丹麦人建造来举行典礼的地方，并在此选举产生他们的国王。

到了20世纪，虽然几乎没人再相信这些说法，但有人依然觉得，如果当时已有报纸，就会为每一种假设提供一席之地，那么，毫无疑问，每一种观点都会显得十分可信。

伴随着谁建造巨石阵这一问题，又出现了另外两个问题：这个建筑需要多少人力？花了多少时间？我们心里当然都很急于知道答案，但不幸的是，史前时期并没有人统计。

因此，围绕巨石阵作出的推测和想象依然层出不穷，有些甚至近乎荒唐。例如，有些人对古代各种各样的环形建筑，无论土岗，单个建筑物，或者整

个村落，似乎都非要找出其间的直线排列来不可。这种排列又叫"李氏线"，是一种假想的直线形通道。热衷于找寻李氏线的人认为，这些线条里隐藏着已经失传的有关该地的资料。另一种关于巨石阵的说法认为，这个圆阵是李氏线的一个中心，"地能"就发源于此。李氏线甚至被假设为不明飞行物的导向标。但科学家们却认为李氏线的理论并不成立。他们认为许多古迹或遗址呈直线形排列，纯粹是一种巧合。

近年来，有些作者几乎是殚精竭虑地在研究巨石阵在天文学上的意义。至少早在 18 世纪，人们就注意到踵石和大道的位置使巨石阵和仲夏日出有一定方向关系。在整个 18 和 19 世纪，有些作者又把这种说法加以引申。1965 年，波士顿大学的天文学者霍金斯出版了一本题为《巨石阵解谜》的书，于是从天文学角度解释巨石阵就大有被人们公认之势。霍金斯用一台计算机计算了巨石阵的排列状况和日月运行之间的关系。在作了进一步研究之后，他竟然得出了以下关于奥布里坑群可能是一台计算机的惊人说法：

巨石阵的祭司们由于用它计算年份，因此有可能对月球的运行有精确的了解，也因此有可能推算出那些最引人注目的月食和日食到来的不祥时刻。实际上，奥布里坑群组成的圆环可能曾被用来推测许多天体的运行情况。

知识小链接

日 食

日食，在月球运行至太阳与地球之间时发生。这时对地球上的部分地区来说，月球位于太阳前方，因此来自太阳的部分或全部光线被挡住，因此看起来好像是太阳的一部分或全部消失了。日食分为日偏食、日全食、日环食。

霍金斯认为，由于祭司们在奥布里坑群放置了标记，并且使它们每年旋转移动一个或数个坑位，所以能够跟踪日月的运行来进行推算。

霍金斯关于巨石阵的推理不仅被运用于第一时期的石柱，而且被用来研究第二时期石柱的拱道排列，如阳光射入日出三石门的时间等。这一"解谜"使有些学者声称巨石阵的谜底已经揭开。

英国天文学家霍伊尔在对霍金斯的著作加以评述时，同意第一时期石柱的排列位置绝非任意，而是有意识地、也颇具见识地筑成一座原始的天文台这种说法。然而他对于霍金斯认为第二、第三时期石柱群同样具有观察天文目的的见解，不表同意。据霍伊尔推测，从建筑第一时期石柱到第三时期石柱，其间有过一次知识上的大倒退，预测日食和月食的知识，可能就在这个时期失传了。因此，其后

美丽的巨石阵

建造的环形石筑只可能是为了其他尚未被发现的目的。霍伊尔在他写的《从巨石阵到现代宇宙学》一书中这样发问道：令人奇怪而不安的是，我们直到介绍结束，始终没有讲述巨石阵后来的发展情形。我们虽然曾经期望在后来的这类建筑中能发现这类智慧高度发展，但结果并没有。既然已经能够有能力做到像预测日食月食那样的困难事情，这些人为什么偏偏要费尽周折从老远的普里斯莱山区把大量的石块运到威尔士去呢？

　　假如巨石阵真是记载着什么，或者说是一种历书，我们可以这样发问：新石器或青铜时代的不列颠人为什么需要这种历书？难道是用来调整农事季节吗？或许是的。但请记住，精确的天文和年份的计算对于农业生产并不重要。对于从事农业的人来说，种植和收获活动是以季节计算的，只需参照自然的变化就行了。美洲印第安人曾经告诉最早的欧洲移民说，种植玉米的季节只需根据榆树叶和山核桃叶的大小。

　　甚至第一时期建造的石柱，假如真是当作一种耕种的计时工具，也已嫌过大过于精密了。如果我们接受霍金斯和霍伊尔的解释，认为第一时期巨石阵一方面是祭天用的庙坛，另一方面又被充作生活用的历书，那么那时对天文现象的了解，显然已经相当精确。关于日月星辰的知识可能只掌握在祭司们的手里，而这类知识的积累却需要许多年代。巨石阵的祭司们可能通过对这些知识的垄断而保持权威。然而决定这项建筑将用巨石为材料的是否也是这些人呢？

　　使用石块做材料这件事本身，长久以来就是关于巨石阵的一个不解之谜。

我们可以合乎情理地这样发问：假如巨石阵是作为一种天文历书被建造的，那么为什么一定要用厚实的大石块来筑起直柱并把过梁加工成具有精巧的弯度？木材不是一种遍地生长而且更易于加工和运输的合适材料吗？有一种解释是：因为石块被看成具有某种特别的性质。珍尼特和柯林·博尔德在他们合著的《幽秘之国》一书中，叙述了一种有关石柱的实用而颇有道理的用途：

或许那时的科学家们通过精确地计算太阳、月球、行星、恒星在天空的位置和相互关系，计算出获取和贮存从宇宙间传送来的能量以及释放这种能量的最适时机。如果这一点不错的话，那么那些环状的石块建筑就有4种互相并不矛盾的用途：①当作天文计算机；②当作地能发生器；③当作宇宙能和地能的贮存器；④当作向各处扩散这些能量的发射工具。

除了当作天文计算机之外，这两位作者的其他假设都站不住脚。说巨石阵是"地能"的中心究竟有什么根据？和宇宙能有关的环形石块建筑，跟我们对于新石器和青铜器时代的人类的了解难道相称吗？

我们在上面已经讲过，巨石阵的建筑材料来自远方，其中的蓝砂岩显然要一直从威尔士运来。有一种说法认为，这些微呈蓝色的石块体现了一种神秘或者魔力的品质。人们为了解释把巨石运输这么远距离的原因而提出了许多假设，而这仅仅是其中的一种。这种运输是有计划的，并非偶然。显然，蓝砂岩是受珍视的材料，但是否有可能其"神秘性"被强调过分了？那些建造者可能只是把这种岩石看成一种材料，并不觉得它有什么灵性。在当代，建筑师们从凡尔第·恩梯克、弗蒙特或南非进口大理石，无非是为了它的外观。虽说我们所谈的是几千年之前造的大石柱，但我们仍然怀疑自己常常把一些不存在的特别性质硬加给以往的历史。

知识小链接

大理石

大理石原指产于云南省大理的白色带有黑色花纹的石灰岩。它的剖面可以形成一幅天然的水墨山水画，古代常选取具有成型的花纹的大理石用来制作画屏或镶嵌画，后来大理石这个名称逐渐发展成称呼一切有各种颜色花纹的，用来做建筑装饰材料的石灰岩。

　　总之，几种对于巨石阵的不同解释。我们可以看到，在对巨石阵进行解释时，事实常常被歪曲。这种做法跟考古学应持的态度不相一致。当然我们也看到科学方面的权威们并不总是意见一致的。显然，我们可以从不同的角度对巨石阵的秘密加以考察。按已有的观点，不管是考古学观点，电力场观点或是天文学观点，最终都可能是正确的。而天文学观点尤其令人感兴趣。巨石阵具有天文意义上的观点，似乎可以成为一个稳妥而可接受的初步基础。多数人的观点，长久以来赞成巨石阵在某种程度上是一个天文台的说法。多数研究者，不管是考古学者还是天文学者，或许会同意一本标准的考古学教科书，即《史前考古简论》的作者霍尔和海泽的以下一段话：

　　一般舆论目前认为，霍金斯已提出了关于巨石阵用途的假设，至于这一假设是否正确则应另当别论；不过，日月的运行和石柱内的视线之间有着如此令人印象深刻的相互关系，有利于支持霍金斯为巨石阵设想的种种用途，即使不是全部，至少部分是可信的。

　　但请注意，石柱的排列具有天文意义的说法，并没有被看成为关于巨石阵的绝对的、最终的解释。不妨说，巨石阵究竟是否一个天文台，还是一个次要问题。

　　巨石阵的真正秘密所在，是它的建造者，而不是遗址本身。石柱造型的变迁由简而繁，继第一时期最早的建筑之后，每次大规模重建在造型上都有所改动，最后演变成第三时期那种宏伟壮观而令人印象深刻的建筑。但要是说第一时期的建造者"原始"，却又未免失实。因为他们智力发达，懂得技术，并能相当长时间的传授有关巨石阵的天文知识、规划方法和建造技能。然而，他们没有留下文字或其他可算作文明标志的东西。是什么样的人类智慧建造了这个巨石阵呢？这是这些石柱保守得严严实实的一个秘密。

◘ 英格兰石圈

　　从公元前 3100 年到现在，英国英格兰神秘的石圈一直就是人类的一个未解之谜。

石圈是一片由巨石组成的建筑。石块是呈圆形分布，形成了一圈一圈越来越大的圆周，圆周与圆周之间留有一定的空隙，像是一个同心圆。

据研究，在公元前3100年前，建造石圈的人已有了天象的知识。

在计算机的辅助下，研究者搞清楚了石块的具体方位以及它们的早期放置地点。另外，研究者也弄明白了间隔地带的相对位置和石块的高度。从得出的资料显示，石圈并不是在公元前3100年一次性建成的，而是分成了若干不同的建筑时期。这个天文中心的建筑，就说明了当时人们已经用它来观察气象了。

每年6月21日，也就是夏至日那天，太阳从那块所谓"脚跟石"——一块独立在石圈之外的巨石上升起，穿过那些巨大的石门，变得越来越大，越来越明亮。月球有一定的运行周期，有时运行至夏至日，有时运行至冬至日，有时靠近南回归线，有时靠近北回归线。这说明石圈的作用是用观测天象

英格兰石圈

的。当月亮升起或落下的时候，月光在巨石背面投射的阴影在不断变化。

知识小链接

夏 至

夏至是二十四节气之一，在每年公历6月21日或22日。夏至这天，太阳直射地面的位置到达一年的最北端，几乎直射北回归线。此时，北半球的白昼达到最长，且越往北越长。

更令人惊讶的是石圈竟然是一个缩小的太阳系模型。当然，它显示的不是椭圆形轨道，而是平均的轨道距离。最里面的一圈的中心代表太阳，第二圈环绕的是水星，第三圈是金星，第四圈是地球，再外一圈是火星，接着是火星与土星之间有数十万的石块组成的小行星带，更外一圈的"脚跟石"表

明了木星的平均轨道距离。

这些只是现代人单方面的推测。究竟是谁在古老的岁月建造了这个"天文中心"？这一切未解之谜，还有待进一步去研究。

➡ 卡纳克石阵

法国布列塔尼半岛的濒临大西洋的城镇卡纳克，是一块充满了神秘色彩的地方。这里除了有巨石砌成的古墓，最吸引人的便是郊外那一片片整齐排列的石阵。

长期以来，卡纳克石阵一直默默无闻，直到 18 世纪 20 年代才引起人们关注。这片石阵，据说曾有 1 万根石柱，而如今仅存 2471 根。它被农田分为 36 片，以 12 根一排向东延伸。最高石柱露出地面部分达 4.2 米的莱芒尼石阵，地处城北 1.5 千米。从这里再向北，便是卡尔马里石阵，它比前者要小，与其相邻的凯尔斯堪石阵就更小些了，长约 400 米，远远一望，好像正在接受检阅的一队士兵。

对此，人们众说纷纭，莫衷一是。不少学者相信，石柱是凯撒大帝时代的产物。19 世纪初，考古学家在卡纳克发现许多蛇崇拜的遗迹，这使人产生联想：那一条条逶迤延伸的石队或许是蛇的模拟图形。还有人推测，这个石阵是晒鱼场、市场、旅馆、妓院的遗址。现今甚至有人称它是外星人访问地球的飞船基地。

1959 年，专家们确认卡纳克为世界上最大的新石器文化发源地之一。

拓展阅读

凯撒大帝

凯撒大帝是罗马共和国末期杰出的军事统帅、政治家。他公元前 60 年与庞贝、克拉苏秘密结成三巨头同盟，随后出任高卢总督，花了八年时间征服了高卢全境，还袭击了日耳曼和不列颠。公元前 49 年，他率军占领罗马，打败庞贝，集大权于一身，实行独裁统治。

现代人尽管聪明，并喜欢绞尽脑汁去钻研问题，可是还是难以了解远古人的思维奥秘，也许现代人的思维与古代人的思维就像人与猴一样难以沟通？也许是思维角度不同？现代人的思维总是喜欢从复杂的方面考虑问题。

正如对石阵进行了长期考察的英国考古学家霍丁霍姆所说，这个石阵就像金字塔一样，为人类留下了永恒的不解之谜。

令人纳闷的是，这么大规模的石柱群为何在18世纪以前的历史记录中，只字未提？这也是石柱群令人感到神秘莫测的主要原因。人们无法从文献中探知它的形成及作用。于是便开始了种种推测。

卡纳克石阵

有的说，卡纳克镇守护神可内利在公元前56年，为抗拒凯撒大帝的罗马大兵入侵而亲自登上镇北山丘，在奇迹般的神力下，将一个个追赶来的罗马人封死在原地，变成石柱。有的说，罗马人竖立石柱，是为了作为庇护帐篷的挡风墙。

这些论调当然是仁者见仁，智者见智。虽然石柱群之谜还有待于将来的解开，但至少有一点可以肯定，就是经过 ^{14}C 测试，这些石柱群早于公元前4650年便已经存在了。也就是说，它们是新石器时代文化最伟大的源泉。

卡纳克石阵被英国考古学家海丁翰称为"比金字塔更为神秘"的石柱群。无论从它们的重量、数量、高度和历史的久远程度来看，都足以取代英国索尔兹伯里平原上的石群，成为名副其实的世界巨石之最。

马耳他巨石建筑

除了神秘莫测的英格兰石圈和卡纳克石阵外，20世纪初以来在地中海上的马耳他岛也陆续发现了多处规模宏大、设计独特的史前巨石遗迹。这些不可思议的巨石遗迹的建造者是谁？在蛮荒落后的石器时代，他们为何耗费如此巨大的精力来建造这些巨石建筑？它们的用途何在？人们百思不解。

马耳他岛

作为古文明的一部分，巨石遗迹遍布世界各地。例如埃及的金字塔，复活节岛上的巨石建筑，英格兰石圈，法国布列塔尼半岛的卡纳克石阵……据考证，这些巨石遗迹建造于公元前 3500 ~前1500 年的石器时代。自从有文字记载以来，关于这些古怪巨石建筑的来历和用途就引起了人们的种种猜测。欧洲中世纪的人们普遍相信，是魔鬼或巫师建造了这些巨石建筑，或者它们是由大洪水前地球上出现的巨人所建。另外一些人则认为，欧洲的巨石建筑是由亚特兰蒂斯帝国所建。这些巨石遗迹究竟何时建立？由谁而建？因何而建？学者们至今始终无法找出一个合理的解释。

在所有的远古巨石遗迹当中，马耳他岛上的巨石建筑独具特色。马耳他岛是地中海上的一个小岛，面积约 246 平方千米，位于利比亚与西西里岛之间。就在这个微不足道的小岛上，20 世纪以来人们却接二连三地发现了 30 多处史前巨石建筑遗迹。它的奇特设计和宏大规模，引起了人们强烈的兴趣，在欧洲掀起了"史前巨石建筑研究热"。

拓展阅读

欧洲中世纪

欧洲中世纪意指从 500 年到 1500 年的欧洲历史。欧洲中世纪的开始，标志着西罗马帝国的衰落；而欧洲中世纪的结束，则指示出文艺复兴时代（欧洲的重生）的开始。

1902 年，马耳他岛繁荣兴旺的佩奥拉镇发生了一起轰动世界的大事。当时一群建筑工人正在为一家食品店盖房，其中有几个工人为建造一个蓄水池正满头大汗地凿着地下的岩石。突然，脚下的岩石露出一个洞口，待凿开一看，竟是一个通过凿通硬石灰岩而建成的地下室。起初，工人们并没有在意，

只是把凿下来的碎石、废泥以及垃圾堆放在洞穴里面，但其中一个颇有头脑的工人认为此事非同寻常，便向当地有关部门作了汇报。闻讯赶来的考古学家们对洞穴仔细地进行了挖掘和清理，一个规模宏大、设计独特的史前建筑逐渐清晰地呈现在世人面前。沉寂的马耳他岛由此一时名声大噪。

这座巨大的石制地下建筑共分3层，最深处距地面12米，错综复杂，仿佛一座地下迷宫。它由上下交错、多层重叠的多个房间组成。里面有一些进出洞口和奇妙的小房间，旁边还有一些大小不等的壁孔。中央大厅耸立着直接由巨大的石料凿成的大圆柱、小支柱，支撑着半圆形的屋顶。整个建筑线条清晰、棱角分明，甚至那些粗大的石架也不例外，没有发现用石头镶嵌补漏的地方。它的石柱、屋顶风格与马耳他其他许多古墓、庙宇如出一辙，但别的庙宇都建在地上，这座建筑却深藏于地下的石灰岩中。

马耳他巨石建筑

这座"地下建筑"是"庙宇"还是"坟墓"？在生产力极其落后的石器时代，马耳他的岛民为何耗费如此巨大的精力来建造这座庞大的地下建筑？

有人认为它是一座地下庙宇。在这座地下建筑中，有一个奇妙的石室，人们称之为"神谕室"。由于设计独特，石室内产生了一种神奇的传声效果，因此石室又被称之为"回声室"。这个石室的其中一堵墙被削去了一块，后面是状似壁龛、仅容一人的石窟，一个人坐进去照平常一样说话，声音会传遍整个石窟，并且完全没有失真。由于女人声调较高，不能产生同样的效果，设计者就在石室靠顶处沿四周凿了一道脊壁，女人的声音就沿着这条脊壁向外传播。正是因为有这个石室存在，考古学家断定这座地下建筑是一个在宗教方面有着特殊用途的建筑物。此外，考古学家在发掘过程中发现了两尊侧身躺卧的女人卧像，还发现了几尊也许以孕妇作为蓝本的女人卧像。据此，考古学家推测，这里或许是崇拜地母的地方。由于整个建筑埋在地下，不见天日，因而显得阴森怪异。设想一下，当一个虔诚的原始人置身于这样一个诡秘幽玄的地下石室时，突然传来隐身人的说话声，他能不毛骨悚然从而对其产生敬畏之情吗？

然而，这座建筑真的就是一座地下庙宇吗？事实并非如此简单。越往地下深层发掘，考古学家发现它越不像是庙宇所在，尤其是在一个宽度不足 12 米的小石室里竟然发现埋藏有 7000 具骸骨。这些骸骨并不完整，骨殖散落在狭小的空间中，说明是以一种移葬（即初次土葬若干年体腐烂成了骷髅后，捡拾骨殖到别处重新安葬）的方式集中起来的，这种埋葬方式在原始民族中很普遍。地下室难道是善男信女们的永久安息之地吗？

根据挖掘出来的牛角、鹿角、凿子、楔子、两把石槌以及做精工细活用的燧石和黑曜石判断，再根据其建筑风格推测，此地下建筑约建于公元前 2400 年前后，当时岛上正处在石器时代。那么，岛上居民什么时候把骨殖放到这个地方来的？马耳他的居民又为什么要如此安放骨殖？没有人知道。也没有人知道这座地下建筑在什么时候变成了墓地。兴许初建时它就兼有庙宇和坟墓的双重用途。也许这是一座仿效地上建筑而建的一座地下庙宇，也许它就是死者的安息之地。这些问题均无从回答，难以确定。

知识小链接

燧 石

燧石俗称"火石"，是比较常见的硅质岩石，致密、坚硬，多为灰、黑色，敲碎后具有贝壳状断口，根据其存在状态，分为两种类型：一种是层状燧石，多与含磷和含锰的黏土层共生，分层存在，单层厚度不大，但总厚度可达几百米；另一种是结核状燧石，多产于石灰岩中，有球状、卵状、棒状、盘状、葫芦状、不规则状等结核体，一般只有 5~15 厘米，大的可达 1~2 米。

继发现地下建筑后，马耳他岛又陆续发现了另外一些石器时代的石制建筑。1913 年，在该岛一个名叫塔尔申的村庄发现了巨大的石制建筑。经考古学家鉴定，这是一座在 5000 多年前建造的庙宇。庙宇占地达 8 万平方米，是欧洲最大的石器时代遗址。站在这座庙宇的废墟面前，首先映入眼帘的是一道宏伟的主门，通往宽敞的厅堂和有着错综复杂走廊的各个房间。整个建筑布局精巧，雄伟壮观，好多个祭坛上都刻有精美的螺纹雕刻。

这种精心设计的巨石建筑遗迹在马耳他岛上不止一处。在哈加琴姆、穆那德利亚、哈尔萨夫里尼，考古学家们也发现了几座经过精心设计的庞大建筑物。它们都用石灰石建成，有的雕琢粗糙，有的琢磨光滑，有的建筑物的墙上有粉饰，有的则精雕细刻，各有特色。哈加琴姆的庙宇用大石块建造，里面发现了一些石桌，它们排列在通往神殿门洞内的两侧，有些石桌至今未能肯定究竟是祭台还是柱基。这座建筑是最复杂的石器时代遗迹之一，许多谜团有待进一步考证。

穆那德利亚的庙宇又是另一番景象。它大约建于4500年前，由于建在海边的峭壁上，可以在上面俯瞰苍茫无际的地中海。它的底层呈扇形，是典型的马耳他巨石建筑的特征。那些大石块由于峭壁的掩护，很少受到侵蚀风化，保存得相当完好。

太阳神庙

最令人感到神秘莫测的是名为"蒙娜亚德拉"的一座神庙。这座庙宇又被称为"太阳神庙"，它的结构很奇特，人们在惊叹之余又觉疑雾重重。一位名叫保罗·麦克列夫的马耳他绘图员曾对这座庙宇进行了仔细的测量，根据测量出来的数据，他提出一个惊人的假设：这座庙宇实际上是一座相当准确的太阳钟！保罗·麦克列夫指出，根据太阳光线投射在神庙内祭坛和石柱上的位置，可以准确地显示夏至、冬至等一年中的主要节令。而且，更令人震惊的是，这座神庙是在约公元前10205年建成的，也就是说离现在已经1.2万多年了。在那个年代，神庙的建造者居然有那么高深的天文学和历法知识，能够精确地计算出太阳光线的位置，设计出那么精确的太阳钟吗？

不少学者的研究表明，马耳他岛上的巨石建筑的建造者们在天文学、数学、历法、建筑学等方面都有极高的造诣。这些庙宇有的本身就是可以判断节令的历法标志，有的甚至还可用作观测天体的视向线。另外还有人提出，这些庙宇能当作一部巨型计算机，准确地预测日食和月食。这是庙宇的真实面貌还仅仅是一种巧合？

知识小链接

月　食

　　月食是一种特殊的天文现象，指当月球运行至地球的阴影部分时，在月球和地球之间的地区会因为太阳光被地球所遮挡，就看到月球缺了一块。此时的太阳、地球、月球几乎在同一条直线上。月食发生在农历十五前后，可以分为月偏食、月全食和半影月食三种。

马耳他石器时代的巨石建筑遗迹使人们对马耳他岛刮目相看，同时又疑问重重：石器时代的马耳他岛居民真有这么高的智慧吗？如果真是这样，那么他们是怎样获得这些知识的？为什么他们在其他领域却没有相应的发展呢？是什么原因激发了他们建造巨石建筑的热情？这些知识又为什么莫名其妙地中断了？这一切至今仍没有人能够准确回答。

▶ 图尔卡纳荒原石柱

在非洲肯尼亚北部，图尔卡纳湖以西，有一片广阔的荒原，在荒原上屹立着19根石柱，每根石柱的长短和大小各不相同，插入地下的角度也各不相同。石柱之间的间隔很小，一般距离不超过一米。石柱上刻有许多奇形怪状的花纹、左右对称的图案，其中有毒蛇和鳄鱼等动物形象，较多的是酷似字母"E"的图形，19根石柱全向北倾斜。

当地居民"图尔卡纳族人"，把荒原石柱称为"纳穆拉图恩加"。关于这个名称的来历，有一段古老的传说：相传在古代，有19个人因触犯了天条，

图尔卡纳湖

因而受到天神的惩罚，使他们变成了19根石柱，永远站立在荒原上，仰望着天空，祈求天神的怜悯和恩赐。直到现在，图尔卡纳族人还在石柱顶上用小石块堆成小金字塔形的锥体物，向天神诚心祭拜。

这19根石柱过去没有引起考古学家的注意。直到1975年才引起考古学家们的极大兴趣和高度重视。从此以后，许多国家的学者纷纷前往考察。经长期调查研究，大家一致肯定：这19根石柱，是两千多年前古人特意建造的一座石头天文台。用放射性碳的分析法测定，这些石头天文台的年龄约为2314年。由此可知，这19根石柱大约是公元前300年竖立起来的。

石柱之间连接成的几何线条可以确定天空中一些星座的位置。西侧的第15号和第18号石柱，是观察天空中星座的基本石柱，观察者站在它们的背后，就能经过其他石柱的顶端划出一条条线指明星座出现的空间位置和这些星座在天空中移动的踪迹。这种观察，能达到精确的程度。

在这19根石柱中，最高的是第11号石柱，最短的是第19号石柱，这两根石柱组成的线条不指向任何一颗星座。究竟第11号和第19号石柱的作用是什么呢？至今考古学家还无法弄清。

石柱上所刻的花纹图案究竟代表什么呢？例如：石柱上所刻酷似字母"E"的图形所包含的意思是什么呢？据调查，在肯尼亚共和国

图尔卡纳荒原石柱

的包尔山山麓居住的莱恩基列族人自古至今盛行这样一种风俗习惯：人们爱用小刀或其他锋利的器具在自己的手上划3个"E"形的伤口，在伤口上往往搽上

盐，待伤口愈合后，"E"形的伤疤就更加突出显眼，引人注目，永不消失。他们还爱在家畜身上盖上"E"形图案作为戳记。究竟石柱上所刻的"E"图形与莱恩基列族人在自己手上所划的和在家畜身上所盖的"E"图形之间有什么联系呢？……总之，这19根石柱有一些奥秘，至今还没有被考古学家查明。

▶ 遍地石球何处来

　　1967年，美国采矿工程师戈登在墨西哥发现了4个石球，直径都在1.8米左右，石球的表面虽然经过风雨的侵蚀，但依然是圆滚滚的，他拍了石球的照片，送给考古学家史特灵。史特灵看后惊讶不已，马上飞抵墨西哥，他在阿美卡山附近，发现了许多这样的石球，在山峰顶部还发现了一个直径达3.35米的石球。另外，他还找到了一些呈梨形和两个石球连在一起的哑铃形石球。

　　后来，人们又在德国的瓦尔夫格堡、新西兰的墨埃拉·赁尔达海滩、埃及的卡尔加以及我国的山西雁水地区、新疆的第三纪沙岩中、汾河上游、河南信阳等地，都发现了类似石球。它们大小不一，小到直径10厘米，大到直径数十米，但石头表面都具有几乎一样的曲率，可以称得上是理想的圆球。

墨西哥石球

知识小链接

第三纪

　　第三纪原为新生代的第一个纪，距今6500万年至260万年，分为老第三纪、新第三纪。新制定的地质年代表将老第三纪改称古近纪，新第三纪改为新近纪，第三纪不再使用。

那么，这些石球是怎么产生的？又是怎样跑到世界各地，甚至高高的山顶，它们放在那里有什么用处？这些问题引起了科学家们的兴趣，也引发出各种各样的解释：

最初，许多考古学家断言，这些石球是石器时代的人创造的，作为防御和狩猎某些较大兽类时使用的设施和工具。

对大石球做过周密调查的考古学家们都确认，这些石球的直径误差小于百分之一，准确度接近于球体的真圆度。从大石球精确的曲率可以知道，制作这些石球的人员必须具备相当丰富的几何学知识，具有高超的雕凿加工技术，还要有坚硬无比的加工工具以及精密的测量装置。否则，便无法想象他们能够完成这些。

诚然，远古时期，生活在这里的印第安人大多数都是雕凿石头的巧匠能手。然而，有一点必须肯定，琢磨如此硕大的石球必须付出艰巨的劳动，从采石、切割到打磨，每一道工序都要求不断地转动石块，要知道这些石球重达几十吨，这无论如何不是一件容易的事。难道这些大到几十米的石球就是他们的祖先在缺乏任何测量仪器的情况下，运用原始简陋的操作工具一刀一刀地雕凿而成的吗？这实在是令人难以置信的事。

因此也有人认为，这种石球决非是人工所能完成的。美国的什兑罗夫林基和卡尔·沙根认为："这些大小不同的圆球放在那里是有一定目的的。譬如，它们代表天上不同的星球，彼此相隔的距离表示星球间的相对位置。这很可能是宇宙来客给地球的纪念品，他们想向人类表示某种意思。"

但是，今天有谁能理解这个"星球模型"的真正含义呢？又有谁能知晓在这些大石球中，哪一个代表这些天外来客生活的故乡呢？

但是更多的学者认为石球是大自然的产物，只是在石球的成因上尚有分歧。

一种说法认为石球是火山活动形成的。

1968年3月，美国地质学家史密斯率领一个科学代表团对墨西哥的石球做了考察，他得出的结论是：约4000万年以前，这里曾有过火山活动。火山爆发喷出的火山灰中，有75%～85%是炽热的火山玻璃。在高温下，火山玻璃逐渐冷却，结晶而出。结晶过程是围绕着一个核心开始的，从核心向外扩张，逐渐形成球。直到温度降低时，石球才停止生长。

我国的地质工作者在考察了我国河南信阳上天梯珍珠岩矿区的刘家冲流纹岩中的石球后，发现它也属火山石球，新鲜断面呈灰白色，成分为石英质，有的具有环形构造，因而推测它的形成可能与熔岩的热力作用有关。当火山熔岩溢出时，岩浆中的熔岩轻快上升，升到一定高度冷却变重下落，经过多次上下翻滚，就可能形成球体。热力作用大、翻滚次数多的就像滚雪球一样，越滚越大，形成较大的火山石球。

知识小链接

火山玻璃

喷出或流出地面的岩浆如果很快的遇冷凝固，矿物来不及结晶，就会形成玻璃质的火山岩。另外，岩浆喷出地面后，岩浆中的气体会因为压力降低而跑掉，留下许多气孔，因此会形成很轻的泡沫玻璃，可以浮在水面上，因此又称为浮石。

但是，石球的火山成因说却无法解释连体石球的成因，而且并非所有的火山区都有这样的石球。

于是，英国沉积学家塞利提出了石球水成说。他认为，在可以聚结成一块结构松散的沙岩的水下沙层中，有时会有某种矿物质的溶液挤进沙粒的空隙。溶液达到饱和时易于结晶沉淀。这时如果出现一个结晶核（指其他金属盐类，甚至可以是植物的一点残骸），就会以这个核为中心出现结晶现象。结晶物又将周围分散的沙粒层层胶结凝聚在一起。在温度和压力等条件完全相同的情况下，结晶和凝聚过程以同样的速度向

石　球

四面八方延伸，于是在岩层中便出现了完美无缺的球状体。几百万年过去了，当石球外面松软的地表层因风化而剥落，由沙粒牢牢地胶结起来的球体便渐渐地暴露于光天化日之下。有时两个结晶核靠得很近，最后就发展成连体石球。

知识小链接

风化作用

风化作用是指地表或接近地表的坚硬岩石、矿物与大气、水及生物接触过程中产生物理、化学变化而在原地形成松散堆积物的全过程。根据风化作用的因素和性质可将其分为三种类型：物理风化作用、化学风化作用、生物风化作用。

我国的地质学家曾撰文提出后期结核说。当沙岩和黏土岩形成并硬化后，地壳运动和风化作用使它们产生大量裂隙。而流水使原岩中的化学物质（主要是钙）向下沿裂隙运移，并携带一定数量的机械碎屑。在一定条件下，机械碎屑与化学物质可一起聚结在某些凝结核的周围。由于化学物质对机械碎屑的胶结凝聚作用（特别是干湿季明显变化时，这种作用尤为显著，因为干旱时化学溶液易达到饱和），并且由于原岩岩性均一，这种凝结作用在各方向上是以同样速度延伸的，于是在原岩中就有被胶结的球形体出现。某些石球由于干缩产生裂隙，化学物质可沿裂隙渗入"球心"，形成灰白色的方解石结晶。

有关石球成因的猜测和争论还在继续，我们期待着水落石出的一天。

不可思议的墓葬

墓葬俗称山坟，古代葬俗因时代、地方的不同而有差异，有土葬、火葬、水葬等多种形式。常见的多是土葬。除了这些普通的墓葬形式外，还有一些墓葬形式匪夷所思，充满神秘色彩，如悬棺、崖葬。更让人不解的是，有些墓葬发生了用现在科学解释不了的神秘现象。

寻找亚历山大陵墓

亚历山大曾是一位赫赫有名的英雄，但同时又是一位神秘人物。有关他的传说不可胜数。遗憾的是，他生前的一些历史记载没有留传下来，而后来的一些传抄本及书籍又众说纷纭，矛盾重重，而且带有极浓重的传奇色彩。因此，就是在他死后 2300 多年的今天，这位古代伟大统帅的业绩仍令人们十分关注，迫切希望发现这位不可一世的帝王的陵墓，以求从出土文物中获得一些有价值的历史证据。

1964 年的一天，埃及亚历山大市的报纸发表了一则耸人听闻的消息："马其顿国王亚历山大的陵墓找到了！波兰考古学家们的巨大成就！"消息很快传遍了全世界。美国《纽约时报》立刻给波兰考古队发了一封电报，希望就这一伟大的发现写篇文章，并给予优厚的稿酬。各国记者也争先恐后地飞抵埃及。同时，大批旅游者的涌进使得埃及警方处于戒备状态。

可惜，消息是假的。原来发现的并不是亚历山大的陵墓，而是古罗马时期的一座剧院的遗址。那么这位著名历史人物的陵墓究竟在哪里呢？他又是怎么死的呢？

关于亚历山大的死因历来有两种传说。一是说他远征印度时在距离巴比伦不远的地方，迎面碰上了一些精通天文和占卜的祭司，他们劝告他不要去巴比伦，否则凶多吉少。虽然他没有停止前进，但此后却变得心情阴郁。

一次，他驾驶着战舰在湖泊上游逛。突然刮来一阵风，把他的帽子吹走，掉在芦苇丛中，正好落在古亚述国王的墓上。所有的随从以及亚历山大本人都认为这是很不吉利的事。

派去追赶帽子的水手，在泅水回来时，竟大胆地把它戴在自己头上，这就更加强了不祥之感。亚历山大恼怒了，当即把这个水手杀了。不久，亚历山大身患重病。13 天后，在公元前 323 年 6 月的一个傍晚逝世。当了 12 年零 8 个月的国王，死时才 32 岁。

亚历山大灯塔

这些琐事，看来只不过是一种巧合罢了。其实，亚历山大的死很可能是由于行军路上的艰辛，加之经过多次作战，弄得遍体伤痕，在沼泽地里又感染上了疟疾等原因造成的。

另一个传说：亚历山大之死是因为在宴会上有人往他的酒杯里下了毒药。如果这个传说是真的，那么亚历山大就不是自然死亡，而是死于阴谋。

亚历山大死后，他的部下托勒密将军（后来成为埃及王），用灵车把他的遗体运往埃及，安葬在亚历山大城，并为他建造了一座富丽堂皇的陵墓。

凯拉大帝、奥古斯丁皇帝、卡拉卡尔皇帝等历史上的著名人物都曾到此陵墓朝拜过，还在亚历山大的塑像头上加上一顶金冠。可是到了 3 世纪，有关陵墓之事，不知为什么无声无息了。642 年，阿拉伯大军攻占了亚历山大城，这里的繁华使他们感叹不已。到了 1798 年，拿破仑的军队进入亚历山大城时，这里已是一派衰落景象，城中只有 6000 居民了，跟随拿破仑的一些学者还看见不少古建筑的废墟。19 世纪初，这里开始修建海港，古老的建筑遗址成了采石场，有许多遗迹被深埋入地下。亚历山大城很快成为地中海上一个重要的贸易中心，可是历史陈迹却荡然无存了。

按古希腊的习俗，创建城市的国王，在他死后一般都要埋葬在城市中心。因而有的考古学家分析认为，陵墓很有可能在位于城市东部的皇宫区。也有人认为，陵墓应在两条街道的交叉点上。

近年来，波兰考古学家玛丽亚·贝尔纳德对当地出土的古陵灯，进行了一番研究后发现,古人在制作用灯时,在上边绘制了古代亚历山大城的模型。因此她对陵墓的位置做了一个推测,她认为在模型内的许多建筑物之中,有一个圆锥形的建筑物,可能就是亚历山大的陵墓。因为,奥古斯丁皇帝的陵墓是尖顶圆锥形建筑,这种墓形很有可能就是在仿造亚历山大陵墓。英国人维斯曾对托勒密王朝的墓地,进行过分析研究,认为这些墓应当同亚历山大陵墓相像。他想象亚历山大的棺木是安放在一座宏伟的庙宇里,周围是一些圆柱,墓里一定有许多稀奇精美的物品。墓内还可能保存着从埃及各处庙宇送来的经书。20 世纪 70 年代,一个惊人的发现大体上证实了这些猜想。

仿造的亚历山大陵墓

专门研究古代马其顿历史的考古学家安得罗尼克斯发现了亚历山大的父亲——腓力二世的陵墓。

大殿中央停放着高大的大理石石棺,上面有镶着宝石的、沉重的金质瓶状墓饰。国王的遗骨就在其中,周围是一些珠宝金器、王权标志、战盔等物。

其中有 5 个用象牙雕刻的雕像,制作得相当精美,特别引人注目。这 5 个雕像是国王的一家:腓力二世本人、他的妻子、儿子亚历山大和国王的父母。这个发现在考古界引起了轰动,被认为是 20 世纪考古中最伟大的发现。

拓展阅读

托勒密王朝

托勒密王朝由亚历山大大帝部将、留驻埃及的总督托勒密·索特尔(前367—前283)所建。公元前323年亚历山大死去,托勒密成为埃及的实际统治者。后与亚历山大的其他部将互相混战,最终占领埃及。公元前305年,托勒密正式称王,为托勒密一世,最后的君主是女王克利奥帕特拉七世和其儿子托勒密十五世小凯撒。

惊喜之余，人们不禁要问：腓力二世国王的陵墓尚能找到，难道他儿子的陵墓就不能寻觅？但事实毕竟是事实，亚历山大陵墓的确令人难以揣测，一直没有任何线索。

谁能解开这个陵墓之谜？人们耐心地期待着。如果一旦解开，很可能会发掘出当时许多民族的文化艺术珍品，以及大量的历史资料，这对考古学将是一个多么巨大的贡献呀。

▶ 三峡崖葬

长江三峡西起重庆奉节的白帝城，东至湖北宜昌的南津关。这里是巫山山脉，群峰连绵，滚滚长江在这里切开巍峨众山，向东滔滔奔泻而去。因此，这一带水流湍急，悬崖层叠，河谷幽深，景色雄伟壮观。长江三峡也就因此成为世界上著名的峡谷地带。在三峡地区的长江以及支流大宁河两岸的悬崖峭壁上，基本都是致密而坚硬的石灰岩。这里有依山傍水的无尽崖壁层理和众多的山崖罅隙，是古人进行崖葬的理想葬所。

拓展阅读

崖 葬

崖葬是在崖穴或崖壁上安葬人的遗体的一种葬俗，也是风葬即露天葬的一种。古代西南少数民族地区流行这种古老的葬法，包括悬棺葬和崖洞葬。人们将棺材放在凿出的山崖平台上，或在峭壁上凿孔再打入木楔，木楔上放置棺材，或将棺材放入天然岩洞之中，岩壁上雕刻各种图案、铭文等。

整个三峡地区进行崖葬的场所，都是选择在面临江河的高陡崖壁上。长江三峡中的崖葬多是在高出江面 100 米以上的地方，最高的可达 700 米，非常险峻壮观，令人惊奇不已。崖葬选择的具体环境，主要有以下几种：

（1）天然洞穴。在三峡地区，崖葬的木棺多是放在天然的洞穴中，有的是单独一具棺放在一个洞内，有的是几具木棺一起放在一个洞内，有的木棺还是相互重叠地放在一起。在洞穴中放棺的地方还要用石块、木棒等将地面垫平，在三峡地区的盔甲洞中还在洞口用石块等砌成放棺的平台。

三　峡

（2）崖壁裂缝。就是利用纵向竖起的狭长形天然崖壁裂缝，在裂缝两侧的壁上凿孔而横放木棒，这样就可以在一个崖壁中上下好几层地悬空安放木棺了。例如在西陵峡的风箱峡的一处崖壁裂缝中，横放有两根木棒，在这两根木棒上曾重叠放置了多达9具木棺。

（3）天然岩墩。就是将木棺顺着放在天然岩石层里凸出的岩墩上。这些可以放棺的岩墩一般都是为狭长形的平台形状。例如在巫溪县荆竹坝的棺木岩地方，大量的木棺首尾相接地放置在同一水平面的天然岩墩上，在有的不平的地方还要用石块垫平再放棺。在巫山县错开峡中一处叫作棺木阡的崖壁上，有一个多面体柱状的凸起的岩墩平台上原有10具木棺，其中有8具顺着崖壁相互重叠放置，另有2具平放在平台上。

（4）人工龛穴。如果当一面崖壁上既没有天然的洞穴，又没有天然的裂缝和岩墩时，人们就在崖壁上用人工开凿出一个小洞，所以我们又把它称为"龛穴"。这种龛穴的形状为一个横的长方形浅穴，大小只要能够放下一具木棺就可以了，所以龛的大小依照木棺的大小而不等。这些龛穴都

三峡崖葬

发现在大宁河流域，例如在巫溪县的南门湾、凤凰山的很大的崖壁上，洞龛分布密集，十分壮观。

三峡崖葬的葬具都是用木材做成的棺，其中有一种是用整木刳成的，有一种是由木板拼合而成。在整木棺中，又有圆形和长方形这两种不同的外形。

　　圆形木棺，一般制作比较粗糙，外形就像一根圆木，但是底部比顶部的弧度稍微平一些，以便放在地上。有的木棺的一端或两端还有带耳的穿孔。

　　长方形木棺，这种木棺整个棺身显得浑厚，棺盖的顶面微呈浅弧形。有的木棺的一端或两端有一圈伸出的外檐，在棺盖和棺身两端的两侧各有一对凿孔，这些就像江西省贵溪崖葬的木棺那样。

　　三峡地区崖葬的安葬习俗形式多样。木棺中安葬死者，较多的是一个死者安放在一具木棺内，仰身直肢地平躺着。死者穿着服饰，先用粗麻布裹尸，外面再用编织精细的竹席包裹，然后又用竹篾条捆扎好后放入棺内。这种一个死者安葬在一具棺内，都是死后直接葬入的。

　　此外，也有两个以上的人共同安葬在一具木棺内的。例如，巫溪县荆竹坝的 18 号木棺内就有人头骨两个和一些肢骨、躯干骨等。经鉴定这两个头骨为一男一女两个儿童，男孩 10 岁左右，女孩不超过 13 岁。又如在巫山县错开峡棺木阡的岩墩上，有一具木棺内至少安葬有 7 个头骨。如果是两具儿童的尸体还可以直接放入一具棺内，但是无论如何 7 具完整的尸体是不能都放入一具棺内的。因此，这 7 个死者应该是先经历了一次安葬，等到尸体的软组织腐烂之后，再把头骨和一部分肢骨进行再次的安葬，放入这一木棺内。这种葬法被称为“二次葬”，在世界上许多民族中都有这种葬俗。在第二次安葬之前，一般是要将准备再次安葬的人骨清洗干净，所以这种葬法又被称为“二次洗骨葬”。

　　三峡地区的崖葬中流行群葬。例如，这种 7 个人同葬在一具棺内的情况就是一种群葬。还有一种群葬的情况是许多人同葬在一处葬地。例如，宜昌市长江北岸的新坪棺材岩的一个洞穴中就放置有 30 多具木棺，至少安葬有 30 多人。又如在巫山县错开峡棺木阡的岩墩上，除了我们上面所说的那一具葬有 7 个头骨的木棺之外，还有 9 具木棺，在这个岩墩上至少安葬有 16 个人以上。这种群葬的盛行，可能反映出在三峡地区实行崖葬的民族中，还保留有以血缘为纽带的氏族社会的组织形式。棺木阡的岩墩上的这 10 具棺可能葬的是血缘关系或者亲缘关系密切的同一氏族集团或家族集团的人们，而里面装有 7 个头骨的木棺可能安葬的是相互关系更为密切的同一年龄等级的兄弟姊妹或者是同一家族的成员。不过，由于这些人骨都没有进行过鉴定，性别年龄都不清楚，因此我们无法进行进一步的推测判断。

广角镜

氏族社会

氏族社会又称氏族公社，即以血缘为纽带结成的社会基层单位，亦是社会经济的基本单位。一个氏族有十几个人，由共同的祖先繁衍下来。他们居住在一起，使用公有的工具，共同劳动，共同分配食物，没有贫富贵贱的差别。

在大宁河等长江支流沿岸的崖葬，凡是人骨保存较好且可以辨别死者安放方向的，其死者的头部都是朝着河流下游的方向。这也许说明这些行崖葬的民族最早是居住在河流的下游，以后才逐渐往河的上游方向迁徙，因此他们希望自己死后，死者的灵魂要返回他们祖先居住的地方。

根据对木棺进行的碳素年代测定分析，再结合随葬物品的年代分析，我们可以知道三峡地区崖葬的主要流行年代是战国时期至东汉时期。

在春秋战国时期，三峡地区属于巴国统治的区域。巴国是一个多民族的国家。巴国的最高统治者是周天子的宗族，与周天子一样也姓姬。根据古代文献的记载，当周武王东征灭亡了商王朝以后，周朝的领土大大地扩展了。并且当时在周天子统治的范围内进行了一次广泛的大分封。巴国的最高统治者就是当时被分封的诸侯之一。春秋战国时期，巴国的统治范围大概在四川盆地的东部，其东边的国境一直达到湖北省西部的山区，三峡地区也包括在内。根据《华阳国志·巴志》的记载，其地东至鱼复，西至僰道，北接汉中，南达黔涪。巴国境内的一般居民都是"蛮民"，"有濮、賨、苴、共、奴、獽、夷、蜑之蛮民"。在川东以东地区，有"奴、獽、夷、賨之蛮民"。通过许多的考古学资料我们现在知道，巴国统治集团的丧葬习俗是土葬，他们所用的棺是木制的船棺。而崖葬应该是当时居住在三峡地区的蛮民中流行的一种丧葬习俗。

➡ 西夏王陵

　　在宁夏银川市以西约 30 千米的贺兰山东麓，有一大片古代帝王的陵园。那是西夏王国 8 代帝王的安息之地，距今已有 700 ~ 900 多年的历史了。

　　西夏是党项族建立的封建政权，在 1038 ~ 1227 年的 190 年中，先后跟北宋、南宋相对峙。根据考古工作者在 1927 ~ 1975 年对王陵中第 8 号陵墓发掘所获得的文物资料，结合有关史书中的记载来看，可以知道西夏王国具有严密的政治制度、比较完备的法律和独树一帜的西夏文字，是西北地区一个比较强大的封建王朝。

西夏王陵

　　西夏王陵的范围东西宽约 4 千米，南北长约 10 千米。在这个约 40 平方千米的陵园里，8 座王陵及其附属的 70 多座陪葬墓，按时代先后，依山势由南向北顺序排列，形成了一个整齐的墓葬群。每座王陵占地约 10 万平方米，都舍弃贺兰山的石头不用，一律用夯土筑成。原先都有自己的阙门、碑亭、月城、内城、献殿、内外神墙、角楼等附属建筑。由于年深日久，如今每座陵墓的附属建筑多已毁坏，独有陵墓的主体仍巍然挺立，向人们显示着西夏王国的历史风貌，因而被人们称为"中国的金字塔群"。

　　凡是参观过西夏王陵的游客，除了充分领略西夏的风格以外，仔细一想，都会觉得有许多问题像谜一样留存于脑海，难以求得解答。

　　问题之一，8 座西夏王陵为什么没有损坏？王陵的附属建筑都已毁坏了，但以夯土筑成的王陵主体却巍然独存。根据年代推算，最早的一座王陵距今约 900 年，最晚的一座也超过了 700 年，如此漫长的岁月，许多砖石结构的建筑已经由于风雨的侵蚀而倾毁倒塌了，更何况是夯土建筑。有人认为是王陵周围原有的附属建筑保护了王陵主体，使它免受了风雨的侵袭。可是那些附属建筑有的早已不存，很难说它们起了保护王陵主体的作用。有人认为王陵在贺兰山东麓，西边的贺兰山就是王陵的一道天然屏障，为它们挡住了西北风的侵袭。可是王陵主体和附属建筑同样都在贺兰山的屏障之下，为什么附属建筑都已毁坏而王陵主体却安然无恙呢？

问题之二，王陵上为什么不长草？贺兰山东麓是牧草丰美之地，西夏王陵的周围也多是牧民放牧牛羊的好地方，可是唯独陵墓上寸草不生。有人说陵墓是夯土筑成的，既坚硬又光滑，所以不会长草。可是石头比泥土更坚硬，只要稍有裂缝，落下草籽，就能长出草来，陵墓难道连一点儿缝隙也没有吗？有人说当年建造陵墓时，所有的泥土都是熏蒸过的，失去了使野草赖以生长的养分，所以长不出草来。可是熏蒸的作用能持久到将近千年吗？陵墓上难免有随风刮来带有草籽的浮土，这些浮土是未经熏蒸的，为什么也不长草呢？

问题之三，王陵上为什么不落鸟？西北地区人烟比较稀疏，鸟兽比人烟稠密地区相对要多一些，尤其是繁殖力较强的乌鸦和麻雀，遍地皆是。乌鸦落在牛羊背上。落在树上和各种建筑物上。麻雀更是落在一切可以让它们歇脚的地方。可是它们唯独不落在王陵上。有人认为王陵上光秃秃的，没有什么可吃的东西，所以不落鸟类。可是有些光秃秃的石头或枯树枝上，也没有什么可吃的东西，为什么常会落下一大群乌鸦和麻雀呢？难道鸟类也知道封建帝王具有权威而不敢随便冒犯吗？

问题之四，西夏王陵的布局有些令人不解。王陵按照时间顺序或者说帝王的辈份由南向北排列，但是每座王陵的具体位置的安排似乎又在体现着什么事先设计好了的规划。如果从高空俯视，好像是组成了一个什么图形。有人说那可能是根据八卦图形定的方位，也有人说那是根据风水安排的。可是最早一个国王的逝世到最后一个国王的逝世，时间相差近200年，怎能按照八卦来定方位呢？事先谁能估计到西夏王国要传8代王位呢？再说，西夏是党项族建立的政权，党项族是古羌族的一支，难道他们也崇拜八卦和相信风水吗？

目前，我们对西夏王国的历史文化以及风俗民情等还没有充分的研究，知道的还不太多。也许在西夏的各种文书之中能够找到关于王陵的具体规划设计，说明为什么要这样安排的理由，也可能在有关的记载中会解答王陵的种种难解之谜。但是很可惜，目前人们还没有寻找到开启这些谜团的钥匙，只好让王陵守着它的秘密，在沉默中继续等待。

🔘 聚焦马王堆

◎ 马王堆汉墓发掘纪实

　　1973 年 11 月中旬，长沙东郊马王堆的考古发掘工地上热闹异常，位于一号汉墓南边的三号汉墓正在开工发掘。这是一次规模空前的科学考古发掘工作。为了取得完整的科学资料，在发掘过程中出现了许多令人难忘而有趣的事。

　　由于马王堆一号汉墓的发掘，出土了面目如生的女尸和上千件的精美文物，引起了国内外的轰动，因而对二、三号汉墓的发掘，也寄予了很大

马王堆汉墓的发掘

的希望，有的希望能再出土一具完好的古尸，以深化对古尸的研究；考古人员则希望多出一些失传的古籍或其他新奇的文物，以更好地研究汉代的社会历史。为了探讨古尸保存之谜，棺液中是否有意加入了防腐药水？或者这些棺液是由尸解水和棺外气相的水分子渗入凝积而成？因而要求能在开棺之前就能钻孔取样，立即进行化验。为此，考古人员专门研究设计制作了一个仪器，在内棺的东南角钻孔，在开棺之前就取得了未曾与棺外空气接触的气体和棺液样品。后来由于内棺密封不严，出土时尸体已腐烂只存骨架。虽然这些样品的化验结果的研究价值不大了，但这种设计对今后类似的考古发掘仍是很有用的。

　　经过 20 多天的紧张发掘工作，到 12 月中旬，三号汉墓中的填土、白膏

泥、木炭均已挖出，木椁上露出了一幅25平方米的完整竹席，揭去竹席，杉木椁盖板呈现金黄的颜色，揭开3层盖板之后，木椁的4个边箱里，摆满了千余件随葬物品，真是琳琅满目，美不胜收。但边箱有一米多深，无地插足，人不能下去，如何把这些文物完好地取上来，仍是一个难题。各路来的专家多，办法也多，棺室西壁悬挂的大幅帛画，由北京故宫博物院来的老专家张耀选等同志细心地剥了下来；边箱中的文物，也由有几十年从事考古发掘工作经验的老师傅们一件件完好地取了上来……只有西边箱北端有堆竹简，共有400多支，由于编缀的绳子已经腐朽，竹简已散乱在一些漆器上面，为了

棺室西壁悬挂的大幅帛画

要保持原来的编缀顺序，便于今后研究，就要按竹简现状整个地提取上来，谁能解决这一难题呢？业务组负责人正在为难之际，中国科学院考古研究所前来支援的对保护文物有"智多星"之称的王振江自告奋勇承担了这一任务，只见他蹲在椁板上，拿着自制的许多精巧的工具，在散乱的竹简交叉处用细线系起来，仅一个多小时，这400多支竹简就按原状连成了一个整体，并提了上来，大家都甚为高兴，不约而同地称赞王振江的丰富经验和巧妙方法。

知识小链接

帛　画

帛画，中国古代画种，因画在帛上而得名。帛是一种质地为白色的丝织品，在其上用笔墨和色彩描绘人物、走兽、飞鸟及神灵、异兽等形象的图画，约兴起于战国时期，至西汉发展到高峰。

1974年1月，长沙大雪纷飞，北风呼啸，马王堆考古发掘工地却人声鼎沸，热气腾腾，二号汉墓的发掘进入了最后清理阶段。此墓坟堆同墓主人的

妻子的墓（一号汉墓）一样高大，但墓坑却小得多，形状也特殊，上半部为椭圆形，下半部作长方形，由于白膏泥使用不均，密封不好，加上多次被盗，棺椁早已腐朽，仅存底板，随葬物品也多已腐蚀，或被压碎。墓壁已出现多处险情，必须抓紧清理完毕。可是出土的漆器、陶器全是碎片，尸体和丝织品连痕迹都看不到了，大家十分失望。不久，考古工作人员从边箱的污泥中摸出了铜鼎、错金弩机等重要文物，特别是发现了"利苍"玉印和"轪侯之印"（龟钮铜印）。"轪侯之印"是利苍被封侯的爵印，是由汉朝中央颁发给列侯的，印应为"金印紫绶"，因要传给下一代轪侯，故随葬的这件爵印是用铜铸成，是专为随葬而制作的明器，仅外表贴附有些金箔，以表示"金印"罢了。有了这两颗印章出土，对正在争论不休的马王堆汉墓的墓主和年代问题，一下子都可解决了。一号汉墓是所谓"双女坟"（即长沙王刘发的母亲唐姬和程姬的墓）说，是第二代或第三代轪侯之妻的墓说，均可否定，可以确定这三座汉墓分别是第一代轪侯利苍，及其妻子和他们儿子的墓。但按《史记》、《汉书》记载，利苍死在"长沙丞相"任上，应该还有一颗"长沙丞相"的官印，虽经反复寻找，仍无踪影，后来发现棺椁底板已裂开宽至2～3厘米，印可能从这些缝隙中漏下去了。于是，人们决定把棺椁底板吊上来之后，把墓底的淤泥全部运回博物馆，经用水冲洗，终于把"长沙丞相"这颗官印冲洗出来了，也是一颗龟钮铜印，因为原物金印要传给长沙丞相的继承者醴陵侯越。由此证明《史记》《汉书》中关于利苍曾封为轪侯，并曾任长沙丞相的记载是完全正确的，所不同者，《史记》中"利苍"的"仓"少了一个草字头，《汉书》中把利苍误为"黎朱苍"了。

知识小链接

漆　器

漆器就是用漆涂在各种器物的表面上所制成的日常器具及工艺品、美术品等。生漆是从漆树割取的天然液汁，主要由漆酚、漆酶、树胶质及水分构成。用它作涂料，有耐潮、耐高温、耐腐蚀等特殊功能，又可以配制出不同色漆，光彩照人。

◎古尸为什么能保存 2000 多年而不腐

经过 2000 多年保存下来的马王堆一号汉墓古尸，是一具非常罕见独特的尸体。她外形完整，软组织富有弹性。体重 34.5 千克，内脏虽有干缩，但外形完整、柔润……这一考古新发现曾轰动了世界。

其实古尸并不是未腐败，而是腐败到一定程度被中断而保存下来。展现在观众眼前的女尸，就是墓主人死后早期腐败的现象。

广角镜

法医学

法医学是应用医学、生物学、化学和其他自然科学理论和技能解决法律问题的科学，用于侦察犯罪和审理民事或刑事案件以及考古研究提供证据。

人死之后，由于缺氧气，细胞发生自身溶解并导致组织自溶，尸体内的细菌与尸体外来的细菌在尸体内急剧繁殖，并分泌大量的分解有机物（如蛋白质等）的酶，而引起尸体腐败。腐败过程中产生大量的气体，挤压全身的组织内脏器官，使全身肿胀、张口、伸舌、眼球突出、肛门脱出……法医学称这些早期腐败的现象为"巨人观"。

既然细菌能引起尸体腐败，为什么尸体不彻底腐烂而又保存完好呢？

尸体腐败，必须有腐败菌的参与。而腐败菌的生存、繁殖或死亡，同温度、湿度、氧气的有无、酸碱度、营养物质等密切相关。要防止尸体腐败，除了化学药物或物理方法来杀灭细菌外，改变腐败细菌的生存条件也可以停止腐败。我国西汉时的劳动人民，采取了深埋密封等措施，使得马王堆一号汉墓中物理和化学的条件不利于细菌的生长繁殖。因而在尸体发生了一定程度的自溶腐败之后，及时地制止了腐败的滋长，形成了无菌的环境而使尸体保存下来。

据考古学家查证，可能古人用香汤和酒给尸体沐浴，使尸体去秽，还有一定消毒作用，并在入殓时喷洒了酒。棺液化验出乙醇（0.11%）和乙酸（1.03%）等，但棺内放酒浸泡尸体未见于我国历史记载。沐浴之后的尸体用丝麻织物紧裹达 20 层之多，不但隔绝蝇虫接触尸体而且把棺材填满，造成棺内空气极少，外面又套上密封条件很好的三层棺。诸棺盖封口都用漆封粘，尸体在密封的条件下，棺内的少量空气很快被早期腐败的尸体消耗尽，形成缺氧条件；棺外的椁室内存放大量的随葬品包括食物等的腐败、消耗墓室内的氧气，腐败菌在这样极其有限的空气条件下生存随着氧的耗尽而自身延缓或停止繁殖生长，或死亡，或以芽孢形式停止生长（尸体的肌肉、肝、肾发现大量细菌芽孢），无氧环境抑制了嗜氧菌的生长，而厌氧菌却繁殖起来，继续对尸体起腐败作用，但它由于自身的代谢产物日益积累增多，反而抑制厌氧菌的生长，厌氧菌最后也死亡了，腐败也随之停止。

知识小链接

芽 孢

在一定条件下，芽孢杆菌属（如炭疽杆菌）及梭状芽孢杆菌属（如破伤风杆菌、气性坏疽病原菌）能在菌体内形成一个折光性很强的不易着色小体，称为内芽孢，简称芽孢。

为说明墓室缺氧，我们还介绍一则有趣的小旁证：在启棺当时，在随葬品中发现了5只小昆虫（三头钩纹皮蠹幼虫和两头米象成虫）的完整尸体。这些昆虫也是2100多年前伴着随葬品活着入葬的。在墓室里，有空气有湿度有营养维持生活，为什么昆虫会死亡呢！很显然是空气被耗尽，昆虫窒息死亡。这说明墓室内形成缺氧后，腐败过程延缓、停止了。

尸体停止腐败，已腐败的部分当然不能恢复，已形成的张口伸舌突眼脱肛也不能复原，而没有腐败的组织被保存下来，仍然维持着器官内脏乃至全身的形状，这些组织保存最完好的是"结缔组织"，在电子显微镜下看到的超微结构十分丰富、接近新鲜状态。

为了保证墓室密闭，墓室的周壁用厚厚的白膏泥构筑，并防止地下水渗入。这样尸体在深埋20米的地下，维持着低温、恒湿密封、避光、又无大地震的恒定条件下，保持了2100多年。如果这种恒定条件遭破坏，尸体就不能保存下来，例如同样是埋在马王堆上的二、三号墓是吕后至汉文帝时期入土的，其地理条件一样，墓葬措施也大体相同，但二、三号墓被盗或墓室密封不严，而引起尸体腐败。

还有另一种说法是：在棺内放有某种防腐药物，尸体才不腐败，这完全可能，如化验棺水发现棺水中有汞（水银）、乙醇（酒精）……古人是将放水银作为防腐措施的，不过科学已证明，汞起不到防腐作用。是否用中草药防腐呢？目前也无确证。

◎轪侯夫人他杀？自杀？病亡？

马王堆一号汉墓墓主人轪侯夫人辛追的死因，读者想知道，科学家们也着重研究它。然而，他们不是猎奇而是想通过研究古尸的死因及探讨古代疾病，取得科研资料，为祖国医学科学服务。

有人说，辛追可能是服毒自杀的，也有的说是被别人一棒子敲死的，还有的说可能是上吊死的……讨论会上的发言各持己见，因为墓葬中没有有关古尸病史的记载。科学家运用现代科学技术研究她死前患什么病和死亡原因，主要的是进行尸体病理解剖。解剖开始之前，先作了皮肤科、眼科、耳鼻喉科、妇产科和法医学的检查，以及 X 射线的复查，然后进行系统的解剖，通过肉眼和病理组织、寄生虫学研究、毒物分析……发现女尸生前患有以下几种主要病理：

（1）全身性动脉粥样硬化症。

（2）冠状动脉粥样硬化性心脏病（简称冠心病）。

（3）多发性胆石症。

（4）日本血吸虫病。

（5）慢性铅、汞中毒。

此外，还有肺结核钙化点，右手骨折畸形愈合、腰椎间盘脱出（或变性）、蛲虫、鞭虫感染、会阴陈旧性裂痕、胆囊隔畸形……

知识小链接

X 射线

X 射线又称伦琴射线，是一种波长很短的电磁辐射。X 射线具有很高的穿透本领，能透过许多对可见光不透明的物质，如墨纸、木料等。波长越短的 X 射线能量越大，叫硬 X 射线；波长越长的 X 射线能量较低，称为软 X 射线。

这么多的疾病，哪一种是致使辛追的死因呢？在解剖中发现食管、胃、肠子里有甜瓜子（138粒半）反映墓主人临死前24小时尚能从容进食，是在发病后一天内死亡的，医学上叫急死或猝死。据统计，猝死的病人多数是死于冠心病。原来解剖古尸心脏时就见到她的心脏曾有过心肌梗死（心脏局部缺血坏死），营养心脉的血管——冠状动脉粥样硬化（动脉管壁内面像稀饭皮那样）相当严重，这是墓主人猝死的"病理基础"。科学家分析辛追死因可能性最大的是由于胆结石引起胆绞痛急性发作，反射性地引起冠状动脉痉挛，由此导致急性心肌缺血心脏停止跳动而造成猝死。

为什么辛追不是上吊死的呢？因为古尸颈部没有绳索勒痕；身体也没有机械性外伤，所以也不是被一棒打死的。辛追生前有慢性汞（水银）中毒，是否可说是汞中毒死亡呢？也不是。辛追所在的西汉时期，生产技术还不能生产出使她急性中毒死亡的"升汞"。古尸为什么会有汞中毒的症状？主要是吃进水银。考古学家查证，西汉时期"炼丹"技术已盛行。大概这位轪侯夫人想长生不老，服"仙丹"，而造成慢性汞中毒，然而她不可能知道"仙丹"是不能挽救她胆绞痛诱发冠心病致死的短命的下场。

◎ 国之瑰宝——素纱禅衣

在引人注目的长沙马王堆汉墓出土文物中，素纱禅衣是一件令人惊叹的稀世珍品。它长约128厘米，两袖通长约190厘米，其重量包括厚实的领和袖口锦边在内，还不到现在的一两，只有49克。禅衣薄如蝉翼，是目前世界上现存年代最早、保存最完好、制作工艺最精和最轻薄的一件丝绸衣服。

纱，是丝织物中一种单色、纤细、稀疏、方孔、轻盈和平纹织物。在我国古代，称方孔丝织物为"纱"，纱的经丝和纬线纤细，交织成的孔眼较大，其透光面积一般在75%左右，而且孔眼

素纱禅衣

均匀，布满整个织物表面。再由于纱织物质地轻柔透亮。故在我国古代的诗中，就有"轻纱薄如空"的描述。方孔平纹织物，何以称之纱？一是与丝织物的生产分不开，因为古代丝织物的出现，首先是生产上筛网的需要，由于这种织物的孔眼，只能通过小小的沙粒，故名这种织物为纱（沙）。二是纱织物的经密和纬密都比绢、缣稀少，故纱字形声由"系"和"少"组成。纱织物是我国战国秦汉时期的高级丝织品种之一，又因纱织物轻柔透亮，它就成了秦汉时期做夏服和内衣的一种非常流行的织物。相传有一次，汉高祖刘邦与楚霸王项羽战于荥阳，刘邦归帐，汗透中衣，遂改名为汗衫。因此，在我国使用丝织物作纱衫，在西汉初期就开始了，也就是说，汗纱的使用，在我国至少也有2200多年的历史了。

马王堆一号汉墓中出土的素纱禅衣，据丝织物研究专家鉴定，素纱的织物密度稀疏，经密为58根/厘米，纬密为40根/厘米，每平方米的织物重15克，经纬丝的直径很细，经纬丝的投影宽为0.08毫米，蚕丝的纤度极细，单根丝为10.2～10.3旦，这样微细的蚕丝，不仅和近现代缫出最精细的蚕丝十分相当，和现代轻柔透明的乔其纱织物也无两样。在2000多年前，我国古代的能工巧匠在技术不高、生产力还不很发达的情况下，缫制出这样细而匀的蚕丝，必须有熟练技术的缫工，才能制作，这充分体现了织造工匠们的高超技艺和智慧才能。

◎世界上最早的地图

马王堆三号汉墓出土了一幅绘在帛（丝绸）上的边长为96厘米的正方形地图。地图没有标注绘制的年代，但马王堆三号汉墓是公元前168年下葬的，此图绘制的年代当在此以前。据考证，该图绘制于公元前180年左右，距今已2100多年了。

这幅地图的方位为上南下北，与现在的地图上北下南恰恰相反。地图所包括的范围是东经111度～112度30分、北纬23度～26度，地跨今湖南、广东、广西三省区，具体地点大致是今天广西全州、灌阳等地以东，湖南双牌县以南，广东连县以西，南至广东珠江口外的南海。地图有主区和邻区的明显划分：主区详细，邻区简略。主区是汉初诸侯吴氏长沙国的南部，即今天湖南湘江第一大支流潇水流域和九嶷山一带。邻区是汉初诸侯南越国的辖地。邻区的比例大致为主区的 3 倍，地图的内容非常丰富，既有作为自然地理要素的山脉、河流，又有作为社会经济要素的居民点、道路等，而山脉、水系、居民点、交通网四大要素，正是现代地图的基本要素，所以，这应是一幅相当于现在的大比例尺的地形图。

知识小链接

东经、西经

经度是指通过某地的经线面与本初子午面所成的二面角。在本初子午线以东的经度叫东经；在本初子午线以西的叫西经。东经用"E"表示，西经用"W"表示。

当时地图绘制的水平很高，它已经用了统一的图例。全图共有 80 多个居民点，分为 2 级，即县级 8 个，乡里级 70 多个。县级用方框符号表示，乡里级则用圈形符号表示，同级符号也有大小的区别，这应是居民点大小不同的表示。用方框和圆圈区分居民点的行政等级，一直沿用很久。地名注记在方框和圆圈之内，读者一目了然，不会混淆。现代地图采用小符号，只好把地名注在符号旁边，但在居民点稠密处，则容易误读。图中用直线或虚线表示道路，共有 20 多条，在县城之间以及重要乡里之间，均有道路相通，水道则用弯曲的由细而粗的均匀的线条表示，图中绘制了大小河流 30 多条，其中 9 条注明了河流的名称，有的还注记了河流的源头。把帛书地图与现代的地图比较，我们发现河流的骨架，河系的平面图形，河流的流向以及主要的弯曲均与今图大体相似。2000 多年前，我国地图测绘水平精确到如此程度，真叫人吃惊。图中山脉的画法很科学，它不仅用闭合的曲线表示山脉坐落、山体的轮廓，以及延伸方向，而且还用月牙形、柱形等符号表示山簇、山峰、山头、山谷等内容，尤其是九嶷山采用了类似现代等高线的画法。山脉的这些表示方法，比宋朝至清朝地图采用人字形画法和山水画中山的画法要好得多。

知识小链接

等高线

等高线指的是地面上海拔相同的点连成的闭合曲线。垂直投影到一个标准面上，并按比例缩小画在图纸上，就得到等高线。等高线也可以看作是不同海拔的水平面与实际地面的交线，所以等高线是闭合曲线。在等高线上标注的数字为该等高线的海拔。

从地图的内容看，这是一幅经过实地勘测的地图。但地图主区所绘的是一个万山磅礴、高山深水的地带，地形是如此复杂，但地图比例的准确性很高，例如河系的平面图形、山脉的走向、城市的方位与现在同一地区的地图大体相似。2000 年以前，人们就能绘出如此高水平的地图，这在世界地图史上是独一无二的。在时间上，也还没有发现比它更早的地图。所以，它是目前世界上现存最早的绘在绢帛上的地图。

◎ 全世界现存最早的天文专著

马王堆三号汉墓出土了两本天文专著，一本叫《五星占》，另一本叫《天文气象杂占》，这都是目前世界上保存下来最早的天文专著。

《五星占》是关于金星、木星、水星、火星、土星这五大行星在天体运行的记载，它指出金星的会合周期是 584.4 日，比现在天文学家所测得的 583.92 日，只差了 0.48 日，误差只有万分之几。而土星的会合周期，帛书记载为 377 日，比今天测得的 378.09 日亦非常接近。帛书谈到金星的会合周期说："五出，

拓展阅读

《甘石星经》

《甘石星经》是世界上最早的天文学著作。在长期观测天象的基础上，战国时期楚国人甘德（今属湖北）、魏国人石申（今属河南开封）各写出一部天文学著作。后人把这两部著作合起来，称为《甘石星经》。

为日八岁，而复与营室晨出东方。"也就是说，金星的 5 个会合周期刚好等于 8 年。并且，帛书还利用这个周期列出了公元前 246 ~ 前 177 年的金星动态表。1965 年，我国翻译出版的法国著名天文学家弗拉马利翁的《大众天文学》第二册里说："8 年的周期已经算是相当准确的了，事实上金星的 5 个会合周期是 8 年减去 2 天 10 小时。"弗拉马利翁还利用这个周期预报了 20 世纪后半期到 21 世纪初金星的动态。但是，谁也没有想到，中国在 2200 多年以前，一个没有留下名字的中国天文学家，就发现了这个周期——金星动态表。据考证，《五星占》的内容是战国时期《甘石星经》的内容，而《甘石星经》成书的时间为公元前 370 年 ~ 前 270 年，比世界上最早的天文学家伊巴谷的著作还早两个世纪，所以，《五星占》应该是目前发现的全世界最早的天文学专著了。

帛书《天文气象杂占》里的精华就是它有 29 幅彗星图。20 多年前，英国著名学者李约瑟博士在他编写的《中国科学技术史》第三部分《天学》中谈到彗星时，引用 1644 年我国手绘的一幅彗星图。他认为 1644 年这幅彗星图就是我国最早的彗星图，但他根本没有想到我国早在 2000 多年前，就绘出了 29 幅彗星图，而且完好地保存在马王堆汉墓内。这些彗星图都绘有彗核、彗发和彗尾，十分科学，而且这些彗星图都是头朝下，尾朝上的，这是因为彗尾总是背着太阳的缘故。这一规律在国外直到 1531 年才由欧洲人波特尔·阿毕安发现，我国比他早发现 1700 多年。在国外，直至 66 年才有一个出现在耶路撒冷上空的彗星图；欧洲直到 1528 年还把彗星画成一个怪物。而我国的彗星图还早了 200 多年，比西欧则早了 1000 多年。由此可见，马王堆三号汉墓出土的 29 幅彗星图是全世界最早的彗星图。

◎ 我国现存最古的医方——帛书《五十二病方》

马王堆三号汉墓出土的医书《五十二病方》是我国现存最古的医方。

《五十二病方》写在高约 24 厘米的半幅帛上。书首有目录，正文每种疾病都有抬头的标题，共 52 题。每种疾病题下分别记载各种方剂和疗法，少则一二方，多则 20 ~ 30 方。疾病包括外科、内科、妇产科、小儿科、五官科的病名。治疗方法主要是用药物，也有外科手术、炙法、砭法、角法、熨法及按摩法。书中涉及药名 247 种，其中一半是《神农本草经》和《名医别录》两书中所没有记载的。医方达 283 个之多。药的剂型有汤、散、丸、酒、膏等。《五十二病方》内容极其丰富，对于当时的广大人民来说，真是灵丹妙药。

今天人们认为外科手术是西医的事，中医只用汤药。但是，《五十二病方》中记载了外科手术。除此外，还记载了烧灼、结扎、瘘管等搔抓和结扎摘除等手术。说明我国外科手术在 2000 多年前已经很进步了。

医书中关于用水银软膏治疗痛肿和皮肤病的疗法，是世界医学史上一项重要的发明。在国外，直到 12 世纪才发明这种疗法。

医书中已经有了辩证施治的观念，如对疽病的治疗，有这样的医方："治白蔹、黄耆、芍药、桂、姜、椒、茱萸、凡七物。蛆疽倍白蔹疽黄耆、肾病倍芍药，其余各一，并以三指大撮一入杯酒中，日五六饮之"。这个方子有七味药，针对不同疽病的需要，调整药的比例。这种辩证施治的观念，是我国医学史上的重要发现。

医书的内容非常丰富，它反映了我国古代劳动人民在医学方面通过长期实践取得的光辉成就。它在中国医学史上占有很重要的地位。

◆ 万仞绝壁居然有棺材

金沙江与岷江汇合成长江后，接纳的第一条较大支流便是四川宜宾地区的南广河。南广河的上游，四川珙县城南有个叫麻塘坝的地方，这里的山并不高，但是悬崖峭壁处处可见。地球上的悬崖峭壁多得是，然而这儿的峭壁上却悬挂着许多的棺材，不能不说是件稀罕的事，人们把这些棺材叫"僰人悬棺"。为什么僰人不像中原人民一样把棺材埋入土里，而偏要高高地悬挂在空中？在 400 年前，在那样恶劣的自然条件下，这些悬棺是用什么技术放到万仞绝壁上的呢？这的确是一个难解的谜。

所谓"僰人"是古代生活在我国西南川、滇、黔三省交界地带的一个少数民族，最早见于《吕氏春秋》记载。秦朝修筑了通往西南地区的五尺道，汉武帝建元六年（公元前135年）更遣唐蒙发动巴蜀人民开凿山道，征服僰，置为僰道，当时政区制度以少数民族聚居区设"道"相当于县级。新中国成立后，在1957年归宜宾市管辖。

据研究，秦汉时期的僰人就是魏晋南北朝时的濮人，夔为濮的异写，也就是唐宋时代的僚人。也有人认为今天的白族就是古代僰人的后裔。"悬棺"一词最早见于南朝梁、陈之际学者顾野王所记。悬棺葬是一种将死者遗体放入棺内，再置于悬崖上使之风化的葬法。1974年，四川省博物馆会同珙县有关单位曾在麻塘坝共同清理过10具棺材，他们从悬棺中发现两只青花瓷器，经鉴定是明朝正德、嘉靖年

拓展阅读

《吕氏春秋》

《吕氏春秋》是战国末年秦国丞相吕不韦组织属下门客们集体编撰的杂家（儒、法、道等）著作，又名《吕览》。此书共分为十二纪、八览、六论，共十二卷，一百六十篇，二十余万字。吕不韦自己认为其中包括了天地万物古往今来的事理，所以号称《吕氏春秋》。

间景德镇的产品。由此推算，其中有些棺材已经在空中足足悬挂400多年了。邻近麻塘坝的兴文县苏麻湾高崖壁立，也布满了层层悬棺，约有50多具，蔚为奇观。另外，四川境内长江沿岸的黔江市东南官渡峡、奉节县东的风箱峡也都有悬棺。

这些悬棺都是用质地坚硬的整木雕凿而成的，或为船形，或为长方形，其安置方法大致有3种：①在峭壁上凿孔，把木桩打入孔内，然后把棺材横放在木桩上；②把棺材安放在露天的天然岩洞里；③在较浅的山洞（或是人工开凿的浅洞）把棺材的一半插入洞内，一半留在外头。这些悬棺多半离地面约50米，有的竟高达百米以上。

1974年取下的10具木棺都是水平地放置在崖壁的木桩上面。一具木棺--

般放在二三根木桩上。而木桩则是钉在宽度和高度大概为 12 厘米，深度大概为 17 厘米的人工开凿的方孔内。邓家岩的 7 具木棺地面的高度，最高的是 25 米，而白马洞的 3 具木棺距地面的高度，最高的是 44 米。

取下的木棺一般都长 2 米左右，最长的有 2.2 米。木棺的一头大，一头小，大的一头高度和宽度都是 50 厘米左右，小的一头的高度和宽度都是 40 厘米左右。木棺棺盖的形状有两种：一种的盖顶是弧形；另一种的盖顶是两面斜坡的屋顶形，此外还有的盖顶形状介于二者之间。在有的木棺的端头还钉有一块木雕装饰，它的形状既像手掌又像是火焰。这种装饰的具体含义是什么，我们现在还不太清楚。在有的木棺的端头横着钉有两根木棒，大概是为了抬棺所用。

木棺都是用整木挖凿而成，木棺的内外的木纹清晰可见。从木棺上残存的痕迹来看，显然在制作木棺时，没有用过木锯，而可能是用铁斧和铁凿挖成的。棺盖和棺身之间有子母榫扣合，目的是为了防止棺盖脱落，在棺盖和棺身之间还用铁抓钉扣紧棺身和棺盖。木棺的木质坚硬，历史文献和民间都传说是用马桑木制成，但经过专家的鉴定，用的却是楠木。

这些悬棺中的随葬物品不多，除了衣服之外，10 具悬棺中随葬的所有物品一共只有 40 多件，一具木棺中最多的随葬物品也只有 6 件，有的棺内一无所有。这些随葬物品都是日常的生活用品，种类和质量也差别不大。保存下来的有丝织品、麻织品、陶器、竹木器、瓷器、铁器、漆器、铜器等，其中以麻织品和竹木器的数量最多。

经过清理的悬棺，在棺盖和棺身之间都被鸟雀打开了大小不等的孔洞，于是鸟雀在棺内筑巢栖息。所以，棺内杂草、树枝、羽毛和泥沙层层相间，填满了棺内。经过考古学家们的悉心清理，小心剔除这些外来杂物，才使得棺内的原物重见天日。

经过清理以后，可以看出棺内的人骨架保存基本完好，死者当年是仰身直肢地躺在棺内，左右手平放在身躯的两侧。随葬的物品都放在棺内，其中绝大部分都放在头部或者脚部的两侧，还有个别的放在左右手的两边。尸体当年是穿着各种入葬的衣服，有的还要用素面的麻布或者是有彩绣的麻布裹住尸体，再用针线将麻布缝合。

　　五号棺的死者是一个男性。在他穿着的服装外面还裹着彩绣的麻布。上身的外面第一层到第四层穿的都是对襟的绣花马褂，有丝绸的，也有麻布的。最里面两层是两件丝绸的深蓝色上衣。下身穿的是两件丝绸的彩绣短裤。在短裤的左右下方各绣着一个意味深长的图案，左边是 4 个汉字的"王"字，右边是四个"醒"。脚上穿着麻布的袜子。这个死者可能是一个相当重要的人物，所以才能在短裤上绣有"王"字。随葬多件丝绸的服装也显示出死者生前的富有。除了服装之外，还有 5 件随葬物品，即麻网袋、竹筒、竹簸、瓷酒杯和陶碗各一件。

　　六号棺的死者也是一个男性。他的最外面第一、二层穿的是黄色丝绸的通身长衫，第三层是麻布的通身长衫。第四层到第七层是白麻布的上衣，有花边和彩色绣花。第八层是一件蓝色的对襟短内衣。最里面两层是白麻布的对襟内衣。下身穿的是一条彩绣短裤。小腿上还绑有彩绣的绑腿。死者的随葬物品也有 5 件，有麻网袋、竹簸、木碗、牛角和剑形

拓展阅读

麻　布

　　麻布是以亚麻、苎麻、黄麻、剑麻、蕉麻等各种麻类植物纤维制成的一种布料，优点是强度极高、吸湿、导热、透气性好。缺点则是穿着不是很舒适，外观较为粗糙，生硬。一般被用来制作休闲装、工作装。

木板各一件。死者的身份可能是一个巫师，而绑有鸡骨的剑形木板和牛角，大概就是他作法的器具。

　　四号棺的死者是一个老年女性。她的头上戴着露顶的蓝色丝绸披风，镶有花边。披风垂在身体后面。上身的胸部和腹部各有一条方巾覆盖着。在胸巾的内面缝有 3 个小的香囊。上身最外面一层的服装是一件对襟的麻布长褂，一直到膝部，长衫上还镶有花边和彩绣。上身第二层到第七层服装是麻布的坎肩，没有袖子，也镶有花边和彩绣。下身最外面一层服装是一条左右开缝

的麻布裙子，镶有花边。下身第二层是一条夹层的裙子，外层是天蓝色的丝绸，内层是红色的里子。下身第三层是一件深蓝色的通身麻布褶叠裙。下身第四层到第六层是 3 件白麻布的通身褶叠裙。最里面有 4 条短内裤，两条白色的，两条蓝色的，短内裤的两边都有彩绣。短内裤的下面有蓝色的花边裹腿。这个老年妇女的服装如此华贵阔绰，数量众多，也一定是一个上层社会的妇女。

知识小链接

披 风

披风即披用的外衣。无袖、颈部系带，披在肩上用以防风御寒。短者曾称帔，长者又称斗篷，斗篷一般连帽。披风多为一片式结构，多为北方人和儿童在冬季穿用。后也泛指斗篷。

悬棺葬要耗费很大的人力物力，是什么观念支配了他们这么做的？有一种推断是，僰人居于山水之间，自然环境决定了他们的生活环境和生活习性，也在他们的观念意识中得到折射。悬棺一般放在靠山临水的位置，棺形也有作船形的，这表明亡灵对山水的依恋和寄托之情。把棺木放得很高，可以防潮保尸，也可以防止人兽的侵扰，但其中的观念成分还是主要的。

今天，我们把架设高压电线叫高空作业。远在千百年前，人们要把沉重的棺材搬到悬崖峭壁上，论难度、论高度，不亚于高空作业。当时到底用什么巧妙手段把这些棺材搬到这么高的地方的？人们对此猜测纷纭，甚至蒙上了一层神秘色彩，因而也有把悬棺叫"仙人柜"，把悬棺葬山岩叫"神仙岩"的。最普遍的猜测是栈道说、吊装说和下悬法。栈道说者认为，在山崖上凿口子、铺设栈道，然后把棺材悬放在半山腰，葬完后撤去栈道。吊装论者认为棺材是由下往上吊装上去的，很可能使用了某种原始的机械。这两种说法，既有合理的成分，也有难以服人的地方。

由于古代悬棺葬盛行于长江以南的丘陵山地，1973 年福建武夷山非法盗棺的犯罪行为也许给悬棺葬程序做了最好的注脚。该年 9 月，有两个盗棺人买了数百斤粗铁丝，制成软梯，上端紧绑在岩顶的大树根部，一人把风，一人顺梯下到岩洞，因岩洞深凹，他运足了气，荡起秋千，把身体晃进"仙洞"，撬开"金棺"取宝，锯棺三截，然后攀梯而上，结果被依法判刑。僰人也许就像盗棺人的做法一样，从上缒上几个"葬礼先行官"，在洞口预先架设数尺栈道，部落人在山顶将装殓死者的棺材缓缓吊坠而下，先搁在栈道上，再由"先行官"推入洞中，因为有的洞穴深度不够，所以有些悬棺的小部分还露在外头。这种猜测，可以叫"下悬法"，这也许是目前最为合理的解释。

知识小链接

栈　道

栈道又称阁道、复道，原指沿悬崖峭壁修建的一种道路。我国古代高楼间架空的通道也称栈道。

图坦哈门王陵墓

卡特越来越失望，这位考古学家为了搜寻少年法老王图坦哈门的陵墓，已浪费了 25 年宝贵光阴。资金也所剩无几。同事们对他不但深表怀疑，而且加以嘲笑。

但他不甘心就此失败。他仍深信图坦哈门王的陵墓必在埃及古都昔伯斯的帝王谷中，因在附近的路克索庙宇中他发现了图坦哈门王的碑铭。这座陵墓从来没有被人盗过，因为，他从未听到有关文物面世的报道。

最初 10 年内，掘到的东西只是一些坛子和衣服。除此之外，卡特几乎搜遍了帝王谷的每一个角落，还是找不到这位 18 岁就驾崩的法老王陵墓踪迹。

卡特踏着早晨清凉的沙地走向工地时，不由又想起他的资助人业余考古学家卡拿封，一路回忆在英国汉普郡最近的一次会议。

当时，卡拿封要求卡特罢手。"我的家产快赔光了，"他对卡特说，"我实在无能为力了。"

可是卡特要求卡拿封继续支持，做最后一次的发掘。"卡特，"卡拿封笑着说，"我是一个赌徒。再支持你一次，碰碰运气，如果再失败，真要破产了！咱们从哪里开始？"卡特打开帝王谷的地图，指出还没有掘到的一个小地区。位于通往拉美斯六世陵墓的路上。"瞧，"他对卡拿封说，"这是最后一片还没有发掘的地区。"

他走近发掘的工地时，想起这地方，宛如一场噩梦的最后一幕。他与工作人员除了掘到当年建筑拉美斯六世陵墓的奴工住过的小屋残迹外，其他一无所获。他们又以3天的时间在瓦砾堆里翻转，仍是徒劳无功。

卡特走到工地时，工头阿里跑来说："我们挖到深入地下的一个台阶！"两天之内，他们清出一条陡直石级，通往下面一扇封的闭门。卡特立刻电告卡拿封说："我终于有了惊人发现。一座宏伟的陵墓，原封未动。恭候大驾。并祝成功！"

卡拿封到后，他们又以好几天的时间打通墓门，清出一条通道。通道上到处散落着石块。然后到达第二扇密封的墓门前。

这时，卡特的理想终于变成事实。卡拿封站在卡特的背后，凝望着那门时，卡特慢慢地凿着墓门，凿开一个可容伸进蜡烛的小孔，向里面探望。后来他这样记述：

"开始时，我什么也看不见。从室内透出的热气，使烛火不停地闪动。可是，等我的视力能适应那明暗不定的光度时，室内的一切开始明朗：里面布满奇怪的动物雕像和黄金，遍地都是发亮的黄金。"

"当时对我身旁其他人来说，我惊得目瞪口呆的那一刻必然是一段无限长的时间。卡拿封似乎急不可待了，便急忙问我：'看到什么没有？'我回应他说，'看到了奇妙的东西！'"

这座陵墓包括4间墓穴，里面有棺，有花瓶，有镶满了珠宝的金御座，有衣服、家具和兵器。陵寝两旁有黑色人像各一，里面有4座金神龛，一座接一座的叠放着，还有一具精美的石椁，内藏一套 3 层的棺材。

最里面的一层，用纯金打造，盛着图坦哈门王的木乃伊，用缀满珠宝的尸布缠着。脸上覆着金质面具，镶满晶石和青金石。头顶和胸膛上，绕着用矢车菊、百合与荷花缀成的花圈。虽在石椁中存了 3300 年，花圈的色泽仍然保持不变。

陵墓内一切的陈设，使我们对这位公元前 1350 年的埃及法老王传奇般的生活，得到一个大概的印象，对卡特和忍受长期折磨的资助人卡拿封来说，这真是一次长久而心力交瘁的搜索。不过，最后总算有了补偿：他们得到考古学上最辉煌的成就。

卡特和卡拿封掘开图坦哈门王的陵墓后，接连发生了不可理解的事故。参与掘墓的人员中，有几人不是横死，就是不得善终。根据传说，他们都是法老王咒语的牺牲者。

据说，1922 年 11 月，两位考古学家率领工作人员首次凿开墓门的当天，就连续不断地发生令人胆寒的意外。而这种不祥的迷信，就是根据上述未经证实的报道而来的。最后一人从墓穴走出地面时，突然吹起一阵狂风，在洞口盘旋。风沙平息后，有人看见象征古代埃及皇室的秃鹰，在陵墓上空呼啸而过，飞向西天，飞向埃及神话中的"另一世界"。迷信的人说，已故法老王的幽灵曾经留下咒语，凡是侵犯他们陵墓的人，都要得到恶报。

5 个月后，当时 57 岁的卡拿封的左颊，被毒蚊蛰了一口，伤口受了感染，因血液中毒而染上肺炎，结果于凌晨 1 点 55 分死在开罗旅馆，当时全城灯火熄灭。同时，在英国他的故居，卡拿封的家犬也忽然哀号不止而死。

最奇怪的是，据后来检验图坦哈门王木乃伊的医师报告，木乃伊左颊上也有个凹下的疤痕，和卡拿封被毒蚊蛰伤的位置完全一样。

另有几个到过墓地的人，也死得不明不白，据说也是由于咒话作祟。例如：卡拿封的兄弟赫伯特，死于腹膜炎。自称法老王后裔的埃及亲王法米在伦敦一家旅馆遇害。他的兄弟也自杀而死。美国的铁路业巨子乔治·古尔德参观墓穴时，突患感冒，结果死于肺炎。贵族里查贝特尔协助卡特编制文物目录，据说在 49 岁时就自杀了。几个月后，他的父亲威斯柏瑞也在伦敦跳楼自杀身亡。因为，在他的卧室里，摆着一支从法老王墓中取出来的雪花石膏花瓶。自1922年发现这座图坦哈门王的陵墓后，短短7年中，已有12个与此事有关的人，离奇丧生。

但是，理应最受法老王咒语所害的那个人，却一直平安无事。那就是掘墓的卡特。他于1939年3月逝世，得享天年。后来埃及政府同意运图坦哈门王的宝藏往巴黎参加1966年的展览会时，主管文物的穆罕默德·伊柏拉汗夜里忽得一梦：如果他批准将这批文物运出埃及，他将遭遇到可怕的凶险。因此他在开罗与有关单位据理力争，但无效，最后一次会议终了，他离开会场后，竟被车撞倒，两天后因伤重不治毙命。

奇异难解的地理现象

地貌千姿百态，变化万千，有高原，有凹地，有峡谷，有险滩。在这些变幻万千的地貌形态中，经常发生一些奇异难解的地理现象。如在地球南北纬30度附近经常发生许多怪异的现象；湖南省洞口县山门清水村西北方有一块散发香味的凹地；在埃及有一条专"吃"新娘的马路，这些奇异的地理现象吸引着众多的科学家和好奇者前往探查和研究。

神秘的南、北纬 30 度

不知是出于巧合，还是存在某种内在联系，地球上南、北纬 30 度附近有许多怪异的现象。

这一纬度上有世界上最高的山峰珠穆朗玛峰和最深的西太平洋马里亚纳海沟；世界上几条著名的大河，如美国的密西西比河、埃及的尼罗河、伊拉克的幼发拉底河、我国的长江等，都在北纬 30 度入海。

在这一纬度上，山川怪异，奇观绝景比比皆是。仅我国就有举世闻名的钱塘江大潮、安徽的黄山、江西的庐山、四川的峨眉山及湖南的马鬃岭等，都是奇异幽深的地方。

在这一纬度上有很多著名的谜，如：埃及金字塔之谜、狮身人面像之谜、撒哈拉沙漠之谜、大西洋诸岛沉没之谜、死海形成之谜、百慕大三角之谜、美国圣塔柯斯镇斜坡之谜

趣味点击

钱塘江大潮

钱塘江大潮简称钱塘潮，指发生在浙江省钱塘江流域，由于月球和太阳的引潮力作用，使海洋水面发生的周期性涨落的潮汐现象。每年农历八月十八，钱江涌潮最大，潮头可达数米。海潮来时，声如雷鸣，排山倒海，犹如万马奔腾，蔚为壮观。

等，不胜枚举。

更令人困惑不解的是，这一纬度常常是飞机、轮船失事的地方，被称为"死亡旋涡区"。如果把北纬 30 度的 5 个异常区（百慕大、日本本州南部、夏威夷至美国大陆间的海域、地中海及葡萄牙沿海、阿富汗）和南纬 30 度的异常区域（非洲东南部、澳大利亚西海岸、新西兰北部海区、南美洲东部和东南太平洋中部）以及南、北极各一个异常区在地球上标出，你会发现它们在地球上几乎是等距分布。如果从一个区域向另一个区域画线。那么整个地球就被划成 20 个等边三角形，每个区都处在这些三角形的接合点上。并且以 72

度经度的间隔均匀地环绕地球分布，都以相同的角度向东倾斜。

这些异常海区大都处在海洋水域，在海水运动上表现为一种大规模垂直搅动的旋涡，那里的洋流、旋涡、气旋、风相互作用，磁暴也都远远比其他地区剧烈和频繁。

知识小链接

磁　暴

当太阳表面活动旺盛，特别是在太阳黑子活跃期时，太阳表面的闪焰爆发次数也会增加。闪焰爆发时，会辐射出 X 射线、紫外线、可见光及高能量的质子和电子束。其中的带电粒子（质子、电子）形成的电流冲击地球磁场，引发通讯异常称为磁暴。

例如南半球的非洲东南部沿海被称为"世界上最危险的区域"之一，那里有海洋中最强劲的厄加勒斯洋流经过，以浪大流急而著称于世。1952 年至今，至少有 12 条大船在此沉没，仅 1972 年，就有 160 人在此海区丧生。1974 年 5 月，一艘 13 万吨的挪威油船在此遇难沉没。

南半球其余 4 个旋涡区大都有暖流经过，海底地形较为复杂或深度变化较大。

这些在地球上排列整齐、分布均匀的死亡旋涡区，不仅给人类带来了灾难，也给人类增添了探求这些自然之谜的兴趣。

人们对这些异常区域所产生的原因做了种种设想，提出了许多假设，如磁力重力异常、磁暴、大气偏差、地震、海龙卷、海啸、激烈的海面波动、宇宙黑洞、地球内部的死光、引导天外来客的水下信号装置、不明飞行物体收掠地球上的人的载体、太阳短时间的炫耀、遮盖天体的光、某些星体按一定规律的排列以及隐藏在异常区周围的一种不祥之神的黑色幕罩等，不一而足，但所有这些解释都不能令人满意，飞机和船只遇难还在继续发生。

处于南、北纬 30 度的各种之谜，正等待着人们前去努力探索，揭开它们的奥秘。

奇怪的三角形

打开一张世界地图，你就会发现，几乎所有的大陆——亚欧大陆、非洲大陆、北美大陆、南美大陆都是北部平宽，南部两侧向内收束，最后成为一个三角。就是南极大陆也不例外，它那濒临印度洋的东南极海岸基本与纬线相平行，成为三角形的一个边，而西南极则是细长的南极半岛。唯一的一个例外是澳大利亚，它的三角形的顶点朝向北方。

以上的事实是出于一种巧合，还是有着一定的科学道理呢？大陆漂移学说似乎可以帮助我们寻找到一个容易被人接受的答案。

据研究，地壳的演变并不像魏格纳所描绘的那样简单——即由古老的联合大陆分裂成今天的几块大陆，就像一张被撕开的报纸那样——其发展过程远比这要复杂得多。大陆漂移不但要经历十分漫长的时间，而且在漂移过程中还会产生许多魏格纳当时并没有想到的问题。

于是，人们在魏格纳学说的基础上，又提出了"碎块学说"，并试图用这种学说解释大陆三角形之谜。

碎块学说认为，每个大陆并不是一个完整的统一体。它是由一系列大小不同的碎块拼合而成的。大者可达几十万平方千米，小者只有几平方千米。各个碎块的年龄也不相同，有的可达几十亿年，有的只有几亿年。这说明，大的陆块的形成可能是在不同时期，经过多次拼接最后才完成的。比如。科学家们已经知道，北美大陆的北半部，是由100多个陆块拼合而成的。而亚洲的西伯利亚，甚至于面积不大的日本，也不是铁板一块，它们也是由多个地块组合成的。我国地质学家也测出，中国山东东西两部分就是由一块年龄大约为25亿年的地块与一块14亿年的地块粘合而成，其粘合年代大约在距今1.9亿年的侏罗纪。

碎块学说为我们解开大陆倒三角之谜开辟了道路。科学家估计，陆块漂移可能都是先裂后拼的。据大陆漂移学说，陆块还没有裂开之前，统一大陆处在赤道以南的南半球。当统一大陆发生破裂，并开始漂移时，可能先要向北移动。在移动途中，一定要遇到其他分离的陆块，就像我们玩的碰碰车一样，自然彼此碰撞，并且与之拼接。因为陆块向北移动，北半部可能遇到的分离陆块的机会要比南半部多。这样就形成了各大陆北半部多为平直的三角形的边，南半部则比较瘦长的形态。

知识小链接

赤　道

赤道是地球表面的点随地球自转产生的轨迹中周长最长的圆周线。如果把地球看作一个绝对的球体的话，赤道距离南北两极相等，是一个大圆。它把地球分为南北两半球，其以北是北半球，以南是南半球，是划分纬度的基线，赤道的纬度为 $0°$。

至于澳大利亚为什么会是一个特例，那可能是因为澳大利亚在移动中，曾经发生过旋转。

另外，我们还会发现，不但几个大陆呈倒三角形形状，而且几乎所有大陆上大的半岛，其尖端也多是指向南方。如亚洲的印度半岛、中南半岛、阿拉伯半岛、朝鲜半岛和堪察加半岛，北美洲的佛罗里达半岛、加利福尼亚半岛，欧洲的巴尔干半岛、亚平宁半岛和斯堪的纳维亚半岛等。产生这种现象的原因也可以用上述碎块学说加以解释。

尽管碎块学说可以自圆其说，为大陆形状提出一个可供选择的解释。但是它并没有得到大多数学者的认可。他们认为，碎块学说总有点牵强，偶然的成分太多。不过，倒是有一个现象对碎块学说有利。那就是地球上的大陆分布，北半球确实比南半球多得多，大约是南半球的两倍。据推测，从2.4亿年前至今，至少已经有一半以上的南半球的陆块移到北半球来，而且这种移动过程还在继续。支持碎块学说的人们争辩说，如果没有陆块从南向北迁移，怎么会出现北半球大陆要大大多于南半球的情况呢？

除此以外，还有更奇怪的现象：

有人曾经在地球仪旁这样观察过地球。他发现在地球仪上，大陆与大洋基本上是相互对称的，也就是说，在地球这一侧如果是一片大陆，那么在地球的另一侧，就是海洋。说具体一点，在非洲大陆的对面是中太平洋，亚欧大陆的对面是南太平洋，北美大陆的对面是印度洋，南美大陆的对面是西太平洋，澳大利亚对面是大西洋，南极大陆的对面是北冰洋。

这种现象是偶然巧合，还是有其内在的原因，现在我们只能十分遗憾地说，对于这个问题，确实还没有弄清楚。

◑ 奇怪的位移

自然界中是否存在着一种至今尚未被发现的神奇的作用力呢？目前，科学家对这一问题还未做出明确的答复。因此，一些奇怪的位移现象，对人们来说仍是一个未解之谜。

1983 年 7 月，在比利时杜尔地区的瓦洛尼镇居住的勒格朗和雷吉纳尔·波格朗夫妇，发现他们 14 个月大的婴儿吉尧姆的卧室里时常在夜里发出一种怪声，他们请警察协助将这事搞清楚。警察在吉尧姆的房间，用粉笔把 20 千米重的小床的 4 条腿的位置画在地板上，然后关上门下楼。这样，楼上除了熟睡的婴儿外，没有任何人。过了 10 分钟，楼上突然传来低沉的声响，警察上楼后，发现门微微开着，那张床也挪动了 30 厘米。

警察局长托马说："当时我在想，也许这张床会自己挪位。我们没有惊醒孩子，就把这张床搬离墙面 25 ~ 30 厘米，然后离开房间，把房门关上。我们耐心地在楼下等了 15 分钟。在这段时间里，没有任何人走进小孩的房间，这一点我可以绝对肯定。但是，当我们再一次走进小孩子的房间时。这张床竟然重又回到原来的位置上。吉尧姆仍然在床上睡得很香，而那扇我们离开时关上的门又微微开着。难道是风把门吹开的？也许是吧，可风怎么能使一张长 1.5 米、重 20 千米的床挪动位置呢？"

后来有一天，警察又观察到吉尧姆的床竟竖起来，像一根交通标杆似的，而床上的枕头则放在床板的上方。

对这一奇怪现象，科学家们进行了认真的研究。认为呈现在众人眼前的这桩怪事，是一起当今人们尚无法想象的既看不见又摸不着的能量在发生作用的现象。

　　还有人推测，也许勒格朗他们住在那排房子盖在一座老矿上面。所以才有这怪现象。为此，他们查看了当地的一张地质图，发现杜尔地区的确靠近一条重要的地质断裂带。难道这就是吉尧姆的床自动挪位的原因？

　　但是，由于现在的科学家对地质断裂与地球上的许多谜之间到底存在着什么关系未能掌握。因此，这仍然是个谜中之谜。

知识小链接

断裂带

　　断裂带亦称"断层带"，是指有主断层面及其两侧破碎岩块以及若干次级断层或破裂面组成的地带。在靠近主断层面附近发育有构造岩，以主断层面附近为轴线向两侧扩散，一般依次出现断层泥或糜棱岩、断层角砾岩、碎裂岩等，再向外即过渡为断层带以外的完整岩石。

　　其实，类似的事件在很早以前就有记载或报道。

　　1715年，一名英国牧师记载：有一天，他家烤炉上安置的东西忽然腾空升起，虽然窗户紧闭，挂着的窗帘却成水平状飘浮在空中。

　　1932年5月的一个晚上，科学评论家埃利克·F·拉塞尔家中发生了一件怪事。那天晚上，他和往常一样，在二楼卧室休息，突然楼下的厨房里传来一阵巨响。他赶忙下楼看，原来是厨房里一个铜制的大过滤器从直角形的挂钩上脱落，掉在瓷砖地上。他把过滤器重新挂在吊钩上，挂的时候十分仔细，可没想到，挂好熄灯后，他刚跨上楼梯几步，又听到一声巨响。折回厨房看，过滤器又脱离，但挂钩却没有变形，用力扳也无法使它弯曲。把过滤器又挂好后，他在二楼屏息静听，整个晚上未听到响声。第二天下楼一看，过滤器却又从挂钩上跌落在地下。在以后的一个星期里，过滤器又不明不白地脱落了两次。这段日子里并没有地震现象。

　　1939年，在英国，一座干草堆莫名其妙地升离地面6米，在空中浮了几秒钟又慢悠悠地降落下来。

　　1958年，美国人哈曼家中，一个放在桌子上的瓶子突然瓶盖飞出，瓶子跳动起来，接着桌子上的陶瓷娃娃也飞到空中，距桌面达 1 米。

物体为什么会在肉眼看不到任何外加力作用的情况下自己移动或腾空呢？这尚需今后进一步探索。

无名火之谜

沙特阿拉伯西部腹地有一个村子叫哈迪村，村子里住着一个名字叫拉西德·马特利的人，家里有一间用羊毛做成的小毡房。有一年刚刚过完节，一天中午，拉西德·马特利的那间毡房不知道什么原因，突然着起了大火。拉西德·马特利和妻子一看，急忙把火扑灭了。当时，他以为这只不过是偶然发生的一次事故，就没有放在心上。

没想到，第二天，拉西德·马特利家的另一间房子，也莫名其妙地着起了大火。他和妻子又一阵忙活，总算把大火扑灭了。

不过，拉西德·马特利的心里有点儿慌了神："哎呀，我家怎么总是发生火灾呀？这是怎么回事儿呢？不行，我必须得把这件事情告诉村长去。"村长听了拉西德·马特利的话，也感到很纳闷，就和他一块儿来到这里。村长抬头朝周围看了看，刚要说话，谁知道，就在这时，拉西德·马特利家的房子燃烧起了熊熊大火。这次，火势特别凶猛，村长和他怎么扑也扑不灭。最后，拉西德·马特利家的 3 间房子全部被烧成了灰烬。村长觉得这件事情不妙，赶紧报告了哈迪亲王府。哈迪亲王府派出了一个调查组前去调查了一番，对拉西德·马特利说："我们也查不出来，到底是什么原因起的火。看起来，你不能再在这里住下去了，最好搬到别的地方去吧。"

于是，拉西德·马特利带着一家人离开了哈迪村，来到了一个名字叫哈斯渥的地方，这里离哈迪村有 30 千米远。拉西德·马特利找了一个平整的地方，动手搭起了两顶帐篷住了下来。

奇怪的是，拉西德·马特利收拾好东西以后，刚想和妻子、女儿进帐篷去休息，那帐篷突然之间又着了火。更加奇怪的是，他放在汽车里的一件衣服也忽然自己烧了起来。

拉西德·马特利看着眼前被烧毁了的帐篷，心里充满了困惑和恐惧："天哪，这到底是怎么回事儿呀！"

科学家们听到这个消息，急忙前来查看。可是，他们观察了好长时间，还是说不清楚是怎么回事儿。后来，人们就管这种奇怪的燃烧现象叫"马特利现象"。

在我国广西壮族自治区兴安县，有一个叫小宅村的地方也曾发生过这种奇怪的燃烧现象。

自从 1981 年以来，小宅村每年只要一到秋季，就会接二连三地发生莫名其妙的火灾，有时候一天中竟然发生 20 多起。而且，着火的地点又一般是在好几个地方同时发生。在野地里，自燃起火是稻草、干草这样的东西。在村子里自燃起火的是茅屋、棉被、蚊帐、衣服、家具和贴在墙上的年画这样的东西。有的时候，就连湿毛巾也会忽然自己燃烧起来。

拓展阅读

自燃现象

自燃是指可燃物在空气中没有外来火源的作用，靠自热或外热而发生燃烧的现象。根据热源的不同，物质自燃分为自热自燃和受热自燃两种。

由于每次起火都是在好几处同时发生，专家们就管这种现象叫"群火现象"。"群火现象"的发生已经给当地的人们造成了很大的损失，还引起了人们的恐慌。

那么，为什么会发生"群火现象"呢？专家们曾经来到小宅村进行调查，发现小宅村附近的地下是一个煤层，村西大约 2 千米的地方正在开采着硫黄矿。他们觉得，"群火现象"很有可能跟这里的地质结构有关系。根据试验，气体硫和空气当中氧气结合成为硫酸。硫酸是强吸湿剂，可以吸收物质中的水分而使它炭化燃烧起来。小宅村的"群火现象"很可能就是这样发生的。

这种分析有一定的道理，据一个在意大利参观过火山口的专家说，在参观火山口的时候，工作人员往往会做这样一个表演，他们在规定的范围里，划上一根火柴，立刻就会有着火现象发生。所以说，小宅村的起火现象很有可能和

火山口的起火现象差不多。不过，这只是专家们的一种推测，没有办法得到证实。

在广西壮族自治区的昭平县富罗乡竹刀村，也有过这样的现象。从 1967 年 4 月到 7 月这段时间里，这里陆陆续续发生了 120 多起自燃起火的事情。有的时候，一天起火最高能达到 19 次。当然，关于起火原因，专家们也有不同的看法，但和兴安县小宅村起火现象所做的推测一样，也只能是一种推测，没有办法得到证实。所以，要想揭开这些无名之火的自燃之谜，还需要人们进行更深一步的探索。

◆ 散发香味的凹地

最近，人们偶然发现了一块神奇的"香地"，很是有趣。

这块奇妙的香地，位于我国的湖南省洞口县山门镇清水村西北方约 2 千米远山腰上的一块凹地处，面积仅有 50 多平方米。这是一个群山环抱、人迹罕至的地方，香地上边是悬崖峭壁，下面是潺潺的小溪，从表面看，这里平淡无奇，与附近地区没有任何区别，生长着与其他地方一样的树木花草等植物，土壤颜色也与周围的相同，但它却能散发出阵阵奇香。

一天，一位采药的山民路经此地时，觉得有一种奇妙的香味扑鼻而来，是什么东西这么香？这引起了药农的注意，他反复查找香味的源头，查看了这里所有的花草树木均不得要领。最后，他突然明白，原来香味来自脚下的土地，是这块独特的土地发出的。

香地的消息传开后，人们纷纷来到这里，享受这一大自然的恩赐。他们发现，这一奇特的香味，仅局限在这 50 米方圆的范围内，只要越出这香地一步，香味顷刻间就闻不到了。

人们还发现这里的香味随气温的变化而变化，早晨露水未干时，香味显得格外香；太阳似火的中午，则变得微微香；日近黄昏，天阴或雨后天晴时，香味会渐渐变浓。但来到这里的人们谁也闻不出这香味究竟属于哪一种香。人们还发现，这香味还有使人精神舒爽、神志清醒的功效。

香地的趣闻，越传越广，许多专家也带着怀疑的态度来到这里实地考察。当他们闻到了这一香味后，才打消了疑问。经专家分析判定后认为，这种香味可能是由地下所存在的一种微量元素引起的。当这一微量元素放射出来后，同空气接触就会形成一种带有香味的特殊气体。香味的时淡时浓，可能与这种放射性元素的强弱和气温变化有关。

这奇妙的香地究竟是如何形成的？如果说与放射性元素有关，那么这又是一种什么样的元素？为什么它仅仅存在于这小小的范围内？人们现在还很难说得清楚。

知识小链接

微量元素

广义微量元素泛指自然界或自然界的各种物体中含量很低的、或者很分散而不富集的那些元素。狭义微量元素指动植物体内含量很少、需要量很少的必需元素。

专 "吃" 新娘的马路

埃及阿列基沙特亚市有一条坦尼亚大街，自 1973 年 3 月以来，已先后有 6 位新娘突然在行走时不知去向，致使路面被掘翻了数尺深。在第一次新娘失踪事件中，新郎是职业摄影师阿克·沙德，妻子名叫梅丽柏。这对夫妇正在坦尼亚大街上散步，突然间路面上出现了一个不大的洞穴，新娘梅丽柏跌下洞中，随即踪影尽无。警察为此发掘了现场，费时长达 1 年；其间又发生了第二起新娘失踪案。那是当年的 10 月，一对来埃及旅游的美国夫妇正好奇地在坦尼亚大街上漫步游览，新娘卡闻泰就在众目睽睽之下，突然失足陷入一个刚刚在面前出现的坑穴中，身子一晃，人就再也看不见了。

其后的 1974 年、1975 年、1976 年连续几年，又发生了 4 起新娘失踪案件。其中，1974 年 5 月失踪的是一位希腊籍新娘哥特尼；1975 年则有 2 位埃及本地新娘分别在结婚数月后失踪。

　　这是一对结婚只有 2 个月的夫妇，丈夫是 25 岁的皮尔，新娘是 23 岁的玛利娅。玛利娅正同丈夫并肩走在坦尼亚大街上，忽然她好像被什么力量拖拽着，跌倒在一个直径约 60 厘米、深约 15 厘米的洞穴里，一下子失去了踪影。事后，警方调来水务局的工人，利用铲土机，从坑穴处将路面整个掘开，并向下深掘了约 1.5 米，然而什么也没有发现。

　　警方为此成立了专案小组，负责对发生在坦尼亚大街上的一系列失踪事件进行周详的调查；尽管警方注意到失踪的都是年轻漂亮的新娘，但到头来还是无法结案。发生在埃及的"劫美路"事件，不仅被记入官方的历史，直至今天，仍有许多科学家前往阿列基沙特亚市进行调查，希望能够找出造成美丽新娘突然在光天化日之下失踪的真正原因。

　　埃及考古学家准哈布博士提出，坦尼亚大街下可能有古代的水井或贮水池，因而路面突然出现洞穴并不出奇。但警方在发掘开路面后，并未发现任何有关遗迹；况且失踪的都是清一色的新娘。所以准哈布博士关于失踪者落入路面下古代水井的推测，无法使人信服。

　　在美国加利福尼亚州，有一片同样神秘的安琪儿森林，几年间在这里失踪的全是 8～9 岁的儿童，而且他们都是在距周围的人数米范围内毫无声息地失掉踪影的；事后又寻找不到任何线索，为此该森林被叫作"拐孩林"。最早的一起儿童失踪案发生在 1957 年 3 月的早晨，8 岁的汤姆和他的父亲、姐姐、2 位堂兄在林间散步，汤姆仅仅是在往前多走了数步，就再也不能重新露面。闻讯而来的警察和 400 名志愿搜索者苦苦搜寻，但连一点蛛丝马迹也没有找到。汤姆上天了、还是入地了呢？此事发生 7 个月以后。2 名儿童贝克和黑威尔也在这附近莫名其妙地消失掉了。到 1960 年 7 月，又有 8 岁男孩克洛曼突然失踪在林间。凡此种种，都有待于人们弄清真相。

📢 会发声的岩石

在美国加利福尼亚州的沙漠地带，有一块巨大的岩石，足足有好几间房子那么大。这个地方居住着许多印第安人。每当圆圆的月亮升起在天空的时候，印第安人就纷纷来到这块巨石周围，点起一堆堆篝火，然后就静静地坐在地上，冲着那块巨石顶礼膜拜……

一堆堆篝火熊熊地燃烧着，卷起一团团滚滚烟雾，不一会儿，就把巨石紧紧地笼罩住了。

这时候，那块巨石慢慢地发出了一阵阵迷人的乐声，忽而委婉动听，就好像一首优美抒情的小夜曲；忽而哀怨低沉，就好像一首低沉的悲歌。巨石周围的印第安人一边顶礼膜拜着，一边如醉如痴的欣赏着这美妙的乐声。

滚滚的浓烟带着这神奇的乐声，飘向了空旷的沙漠，飘向了深邃的夜空……

那么，当地的印第安人为什么要对这块巨石那样顶礼膜拜呢？这块岩石为什么会发出那样动听的乐声呢？这块巨石为什么只有在寂静的月夜，并且只有在滚滚的浓烟笼罩的时候才会发出这优美神奇的乐声呢？这块巨

美国加利福尼亚州沙漠

石里面到底隐藏着什么样的秘密呢？这一连串的问题，没有人知道，也没有人能够说得清楚。

在美国的佐治亚州，也有这样一种会发出声音的岩石地带，人们管它叫"发声岩石"异常地带。这里堆满了大大小小的岩石，它们不仅能够发出声音，而且发出来的声音就好像一首首美妙的乐曲。

如果人们在这个"发声岩石"异常地带散步，就会发现，磁场在这里失常了，人们甚至连方向也辨认不清。更有意思的是，当人们用小锤轻轻敲打

这里的岩石的时候，无论是大岩石，还是小岩石，或者那些小小的碎石片，都会发出一种特别悦耳动听的声音。这奇妙的声音不但音乐纯美，而且音响十分清脆，就好像是从高山流下来的"叮叮咚咚"的清泉一样，令人听起来如痴如醉，妙不可言。

知识小链接

磁　场

磁场是一种看不见又摸不着的特殊物质。磁体周围存在磁场，磁体间的相互作用就是以磁场作为媒介的。由于磁体的磁性来源于电流，电流是电荷的运动。因而概括地说，磁场是由运动电荷或电场的变化而产生的。

如果不是亲眼所见、亲耳所听，人们根本不会想到这声音是靠敲打岩石发出来的。可是，更让人感到纳闷的是，这里的岩石只有在这个地方才能被敲击出如此悦耳动听的音乐。有人曾经做过一种试验，把这里的岩石搬到别的地方，不管怎么敲打也发不出那种美妙的声音。

那么，到底是什么原因使得这个地带产生这种奇异的现象呢？这里的岩石为什么在别的地方就发不出那种美妙的音乐呢？科学家们针对这些问题进行了一次又一次的研究和考察，对产生这种现象的原因也进行了种种推测和解释。有人说，这是个地磁异常带，存在着某种干扰源，岩石在辐射波的作用下，敲击的时候就会受到谐振，于是就发出了声音。可是，这只是一种推测。所以，科学家们一直到现在也没有找到一个令人信服的答案。

知识小链接

干扰源

干扰源是在无线电通信系统中，被确定是产生干扰的发射、辐射或感应，也就是产生妨碍无线电接收信号的那些杂乱的电波。

✈ 飞翔的巨石

在印度西部的希沃布里村，有一对能随人们的喊叫声而自动离地腾空的巨石。这种现象似乎表明重力作用在一定程度上可以人为改变。

希沃布里村距孟买城约有 185 千米。在这个小村里有吸引世界各地游客前往争睹的圣石，就并排摆放在陈旧台阶上。

这两块圣石只允许男人上前接近，大的一块重约 90 千米，小的一块略轻些。只要人们用右手的食指放在巨石下，同时异口同声且不停顿地喊着"库马尔·阿利·达尔维——奇——奇——奇"，发奇字的声音尽可能拖得长一些，这样，沉重的圣石就会像活人般地顿时从地上弹跳起来，悬升到约 2 米的高度；直到人们把达尔维奇的名字喊得上气不接下气时，它才会落回到台阶上。圣石升高的这个过程，可以反复数次。

鲍尔弗是专程赶去目击圣石升空的众多见证人之一。开始他没掌握好叫喊达尔维奇名字的诀窍，因而失败了；后来他掌握了要领和人们异口同声地高喊，岩石果然活了似的跳起，升腾空中，随之噼啪落地。鲍尔弗激动地喊起来："再来一次！"岩石又一次升上天空。"真灵"，他完全信服了。

据记载，这巨石的升空方法是达尔维奇生前透露给人们的。800 年前，圣祠所在地原是一座健身房，那两块巨石是供摔跤手来练习使用的。儿时的达尔维奇经常光顾这里，他常常显示出自己过强的生命机能和超人的力气。过了许多年，在健身房拆除后，达尔维奇对周围的人说出了这样的秘密："那两块巨石任你们使出全身力气也未必可以举起，除非你们重复叫我的名字。他还告诉人们，用 1 根右手手指就可使那块大的巨石升空，而那块较小的岩石需用 9 根手指头同样也能使它升起。至于更多的秘密，达尔维奇只字未提。

从那个时候起，人们就一直沿用达尔维奇教给的方法来使岩石腾飞。

现在，尽管科学还无法解释圣石升空的奥秘，但前去希沃布里村观看这一奇景的人却越来越多。印度国内的《亚洲》杂志等刊物都曾专题介绍过有关情况；《信不信由你》的系列电视片中也拍入了圣石升空的稀世镜头。确实，不管你信不信，任何人都可以亲身去参加一次圣石升空活动。

沉重的岩石飘然离地的秘密何在？难道人们采用的特定方式能够改变重力作用吗？不过，人们统一使用右手的手指、统一发出共同的声音，这究竟能够与物理力作用的变化发生什么样的联系呢？

◤ 沙子唱歌

在红海岸上的纳库克山，从久远的年代以来就流传着各种神话。当人们向这座山的顶峰攀登时，脚下的沙子仿佛在呻吟。

西奈半岛的居民认为，在这座山的地下埋藏着一所很大的寺院。在规定的时刻地下大钟响起来，召唤僧人们去作祈祷。这时整座山都因这威严而有力的声音振动起来……

"你从哪儿知道山底深处有寺院呢？我可是对这一点表示怀疑。"有一次一个旅行家听了向导——一个阿拉伯人讲述的这个古老神话后这样问道。

"你说什么！"向导惊恐地叫道："你怀疑？你犯了最大的罪过。我们的祖辈和父辈们给我们讲的是千真万确的实话。谁不相信他们的话，是要受到惩罚的。古老的传说是神圣的，不能不相信它们……"

"但是在相信它之前，我要验证一下。"这位旅行者说。

"哎呀，你千万别这样！你会死的。奇迹是不能验证的，因为它们是神的征兆。"

知识小链接

沙岩

沙岩是一种沉积岩（由成层沉积的松散堆积物固结而成的岩石），是由石粒经过水冲蚀沉淀于河床上，历经千百年的堆积变得坚固而成。后因地球地壳运动，而形成今日的矿山。

现在让我们再回到发出声音的这座山上来吧。应当说，这座山在世界上并不是"独一无二"的。在距喀布尔35千米处有一座列克拉万山。像纳库克山一样,它的表面覆盖着一层白色的沙岩,如果几个人一起从山上向下走时,它就会发出像敲鼓一样的声响。在智利的科庇阿诺山谷也有类似的现象。布拉马多尔丘陵就在这里,"布拉马多尔"是"哀号"的意思。在美国的加利福尼亚州也遇到过这样的丘陵——它们有时候也会大声地"哭号"和"呻吟"。

地球上还有一些这样的地方,大面积的沙子在移动,同时还发出一种奇异的声音,令人感觉仿佛周围整个沙漠都在唱歌似的。这时在新月形沙丘的脊顶上的沙子发出的声音比较大,而其他的地方只在沙漠中不大的某些地段、沙嘴和有时生长着灌木丛的海滩上,才可以听到声音。在科拉半岛,在里加海滨,在维柳伊河和勒拿河畔,在贝加尔湖也都能听到沙子的歌声。

有时候,这些沙子会发出十分突然的声音。在行人的脚下时而可以听到像狗吠声,时而又像是拧紧的琴弦声,而有时候还可以听到像飞机发动机隐约的隆隆声。尼科波尔市的居民,多次听到吵嘴上的沙子发出的响声,这个沙嘴位于拉平克河上(它是第聂伯河的一条支流)。1952年,人们曾经听到过这种歌声,特别是在雨后,上层的沙子粘在一起,后来稍微干了一点,形成疏松的硬层时,这种"歌声"就听得非常清楚。当你在它上面走的时候,它会发出像从汽车内胎放气时所发出的呼哨声。

有时候,这种自然现象能给你留下十分强烈的印象。杰克·伦敦在他的小说《三颗心》中,对这种奇异的自然现象是这样描写的:

"在沙子上每走一步都会引起一连串极不悦耳的声音。人们在原地屏息不动一切都静寂下来,周围悄然无声,一片寂静。但是只要一起步,沙子就又重新开始唱起歌来。"

拓展阅读

岩礁

岩礁是河流、湖泊、海洋中隐现于水面上下的岩石及由珊瑚虫的遗骸堆积成的岩石状物。珊瑚礁、岩礁、泥质等地形是鱼类栖息的乐园。

"上帝发笑的时候，你要小心！"老人警告地大声说道。

"他用手指头在沙子上画了一个圆圈，当他画的时候，沙子哀号着，尖噪着；然后老人跪下来，这时沙子怒号起来，发出了号角声。佩翁照着父亲的样子，也走进隆隆作响的圆圈中去，在这个圈子里老人用食指又画出了一些卡巴拉——莫名其妙、难以理解的图形和符号，沙子同时哀号着，尖声噪叫着。"

许多民族中都流传着关于这种神秘莫测的声音的各种神话。在这些神话中，有的说这是美丽而冷酷的女海神在海岸的沙滩上唱歌，引诱大海中航行的水手们，让他们在岩礁中遇难。也有的神话中说，这是被沙子掩埋掉的城市的喧嚣声，或者说这是被拘禁在地下的恶魔发出的悲号……

会走路的石头

美国死亡谷有一个神秘现象，就是赛道普拉亚的会移动的石头。赛道普拉亚是一个干涸的湖床，在湖床上，我们能够根据长长的移动轨迹找到那些石头。其中，有的石头重达几百磅（1磅≈0.45千克）。这就给我们提出了一个问题："它们是怎么移动的？"

事实上，没有人确切地知道它们是如何移动的，虽然有不少人提出了一些很好的解释。它们移动的原因至今仍然是个谜，因为从来没有人看到它们在移动！

美国死亡谷

赛道普拉亚是一个几乎完全平坦、总是非常干燥的湖床。大约4千米长，2千米宽，表面覆盖着主要有泥沙和黏土组成的沉积物。这里气候干旱，每年的降水量只有几英寸（1英寸≈2.54厘米）。然而，当下雨的时候，环绕赛道普拉亚的陡峭高山就会产生很大的流量，将赛道普拉亚变成一个大面积的浅水湖泊，潮湿的表面就会变得非常柔软、湿滑、泥泞。

从这些石头的移动轨迹来看，在移动的时候，赛道普拉亚的地面是处在非常柔软泥泞的条件下的，而这些石头周围的泥巴并没有遭到破坏的痕迹，这就消除了是人类或者动物移动了石头的可能性。

于是，有人提出是风移动了石头。这是大家最喜欢用的一种解释。盛行风穿越赛道普拉亚，从西南吹向东北方向，大多数石头的轨迹与风向平行。这是最有力的证据，表明风力是主要的推动者，或者说风至少参与了石头的移动。强大的风力促使岩石开始移动，一旦石头运动起来，即使风的速度很低，也能保持岩石的运动，因为它们的滑动面很柔软，而且很光滑。而石头的运动轨迹是曲线形状的，这可以用风向的改变或者风与不规则形状的岩石相互作用来解释。

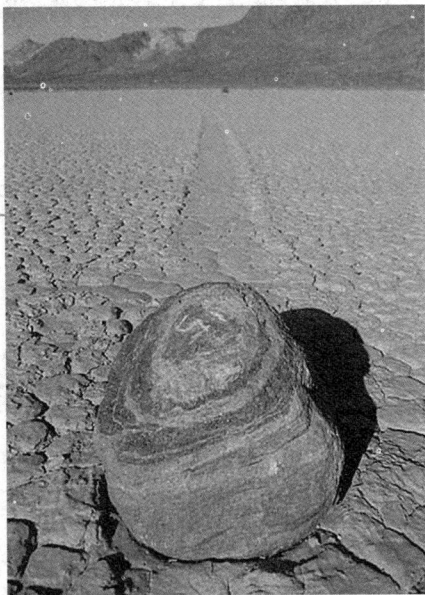

会走路的石头

还有人说，他们看到赛道普拉亚地面覆盖有一层薄薄的冰。一种观点认为，石头表面的水结冰之后，风从冰的顶部刮过，拖着冰盖和嵌入其中的岩石一起在地面上滑动。一些研究人员已经在多处岩石中找到了高度一致的运动轨迹，这有力地证明了这种运动理论。但是，关于冰盖的搬运还需要相关的证据，可这些证据还没有被发现。其他一些研究人员用标桩做实验，认为冰盖可能会破坏这些标桩。然而，石头的运动并没有破坏这些标桩。这些证据与冰盖传输假说不一致。

所有最好的假说都包括风力。可问题在于，这些石头是随着冰盖的移动而移动呢，还是直接在泥地的表面滑动呢？或者是这两种方式并存，每种方式各负责一部分石头？

杀人石之谜

　　非洲马里境内，有一座耶名山，山上有一片茂密的大森林，林中有各种巨蟒、凶残的鳄鱼、狮子、老虎等。然而，在耶名山的东麓，却极少有飞禽走兽的踪迹。当地的土著居民对这个地方既恐惧、厌恶，又非常敬畏。

　　1967年春天，耶名山发生强烈地震。震后的耶名山东麓远远望去，总有一种飘忽不定的光晕，尤其是雷雨天，更是绮丽多姿。据当地人说，这里藏着历代酋长的无数珍宝，从黄金铸成的神像到用各种宝石雕琢的骷髅，应有尽有。神秘的光晕就是震后从地缝中透出来的珠光宝气。这个说法究竟是真是假，谁也不能证实。马里政府为了澄清事实真相，派出了以阿勃为队长的8人探险队，进入耶名山东麓进行实地考察。

　　他们刚来到这里，就下起了大雨。在电闪雷鸣中，阿勃清晰地看到不远处那片山野的上空冉冉升起一片光晕，光亮炫目。光晕由红色变为金黄色，最后变成碧蓝色。暴雨穿过光晕，更使它姹紫嫣红。雷雨刚停，阿勃不顾山陡坡滑，道路泥泞，下令马上进发。在那片山野上，他们发现躺着许多死人。这些死人身躯扭曲，口眼歪斜，表情痛苦。从尸体看这些人已经死去很长时间，但奇怪的是，在这炎热的地方，尸体竟没有一具腐烂。这些人可能是不听劝告偷偷进山寻珍宝的。可是他们为什么会莫名其妙地死去呢？

　　探险队员四处搜寻线索。突然间，一名队员发现从一条地缝里发出一道五颜六色的光芒，色彩不断变幻着。难道真是历代酋长留下的珍宝？经过一个多小时的挖掘，人们终于从泥土中清理出一块重约 5000 千克的椭圆形巨石。半透明的巨石上半部透着蓝色，下半部泛着金黄色光，通体呈嫣红色。探险队员们费了九牛二虎之力才把巨石挪到土坑边上。这时有一队员突然叫道："不好，我的四肢发麻，全身无力！"另一位队员也说："我的视线模糊不清！"队员们纷纷开始抽搐，相继栽倒。此时，只有阿勃还保持清醒，他想这可能与那块巨石有关。

他不由得想起那些死因不明的尸体，浑身不禁一战。为了救同伴，阿勃强拖着开始麻木的身体，摇摇晃晃地向山下走去，准备叫人来。刚走下山，他就一头栽倒了。过路的人发现了躺在路边的阿勃，把他送进了医院。经抢救阿勃终于清醒了过来，并将所发生的事告诉人们。之后，他又闭上了双眼。医生检查发现，阿勃受到了强烈的放射线的照射。

知识小链接

放射线

　　放射线是不稳定元素衰变时，从原子核中放射出来的有穿透性的粒子束。放射线分甲种射线、乙种射线、丙种射线，其中丙种射线穿透力最强。放射线对环境和人体有一定的危害。

有关部门立即派出救援队赶赴山上抢救其他 7 名探险队员，但无一生还。而那块使许多人丧命的"杀人石"，却从陡坡上滚向了无底深渊。科学家们想解开"巨石杀人"之谜，但因找不到实物而无法深入研究，这成了自然界一个未解之谜。

▶ 石棺内的 "圣水"

在法国比利牛斯山区的代奇河畔，有一个名叫阿尔勒的小镇。这个小镇上有一个教堂，教堂里面摆放着一口石棺。这口石棺是在 1500 多年前制作的，大约有 1.93 米那么长，是用白色大理石精雕制成的。据说，这口石棺是

4～5世纪时一个修士的灵柩。

有一件事情，人们怎么也弄不明白，在这口石棺里长年盛满了清泉一样的水，却没有一个人知道这水是从哪里来的。

阿尔勒镇上的那些老人们说，关于这口石棺里的"圣水"，有好几种传说，其中有一种是这么说的：

760年的一天，一个修士从罗马带回来两个人，一个叫圣阿东、另一个叫圣塞南。这两个人都是波斯国的亲王。圣阿东和圣塞南来到阿尔勒镇，还带来一样圣物，放在了教堂的石棺里面。这个圣物到底是什么，没有人能够知道。不过，从那以后，这口石棺里面开始出现了源源不断的"圣水"。这"圣水"为当地的老百姓带来了吉祥和幸福。后来，圣阿东和圣塞南终于成了"圣人"。

为了纪念圣阿东和圣塞南，阿尔勒镇上的人们只要一到每年的7月30日这天，都要在教堂里举行传统的纪念仪式。纪念仪式完了以后，人们就排着队，走到这口石棺前边，领取一份"圣水"。石棺的盖子上有一个小孔，小孔上面有一根弯的铜管，铜管上有一个开关。

每年的7月30日这天，教堂的修士们才把它打开，向人们分发"圣水"。人们把"圣水"领回家以后，就小心翼翼地收藏起来，只有到了实在没有办法的时候，才拿出来使用。因为，这"圣水"有一种特别神奇的力量，可以医治好多种疾病。

有一些专家对这口石棺进行过认真的考察，发现它的整个容量还不到300升。历史上对这口石棺有过这样的一些记载：

1529年，有一队西班牙士兵从这里路过，曾经在这里驻扎了好几天。他们从石棺里汲取的"圣水"大约有1000升。

1850年，这口石棺仅仅在一个月的时间里边，就蓄了大约有200升的"圣水"。

可是，在法国大革命期间，当地的一些人胡乱造反，什么东西都往这口石棺里边倒，简直把它变成了垃圾箱。这口石棺在遭受厄运的几年当中，竟然没有流出一滴"圣水"。后来，法国大革命结束了，人们怀着虔诚的心情清除了石棺里边的脏东西，石棺才又重新流出了神奇的"圣水"。即使在旱灾的年头，这口石棺照样向当地人们提供着清泉一样的"圣水"。

　　还有一种说法，1942年10月，德国士兵闯进阿尔勒镇教堂。他们在石棺上倒了好多脏东西，"圣水"不久就自动枯竭了。后来，阿尔勒镇的人们把这口石棺彻底刷洗干净以后，"圣水"这才又流了出来。

　　关于阿尔勒镇这口石棺"圣水"有着各种各样的传说，而且说法都不一样。不过，从这口石棺里流出来的"圣水"却是真实的。这时，也就出现了许多疑问，让人们感到纳闷。首先，阿尔勒镇教堂的这口石棺为什么会有这样源源不断的"圣水"呢？另外，这神奇的"圣水"究竟是从哪里来的呢？这些疑问，深深地吸引了科学家们。

　　1961年7月，两个来自格累诺布市的水利专家，到了阿尔勒镇，想解开这口石棺的"圣水"之谜。他们走进教堂，围着这口石棺认真地观察了半天。开始，两个水利专家以为这是一种渗水或者凝聚现象，才使得石棺里面有了"圣水"。于是，他们征得了修士们的同意以后，想办法把石棺垫高，使它和地面隔离开来。然后，他们用一块特别大的塑料布把石棺严严实实地包裹了起来，为的是不让外边的雨水渗入到石棺里面去。

　　两个水利专家做完了这些事情，想了想：这样还不行，如果有人往石棺里边灌水，来充当"圣水"怎么办？他们商量了一下，决定日夜值班，死死地守在石棺跟前，不让任何人靠近它。

　　这两个水利专家日夜值班，一天到晚地守在这口石棺面前。没想到，过了几天以后，他们打开石棺一看，哎呀，石棺里边的"圣水"一点儿也没有减少，还是那样源源不断。

　　两个水利专家谁也说不清楚这到底是怎么回事儿了！他们又对这口石棺里面的"圣水"进行了鉴定，结果发现石棺里面的"圣水"即使不流动，它的水质也是纯净不变的。好像石棺里的"圣水"能够自动更换一样。

　　过了些日子，又来了许多科学家试图解开这口石棺之谜。可是，他们全都没能成功。所以，有一些相信"超自然能力"的专家就做出了这样的解释：760年，圣阿东和阿塞南拿着"圣物"，来阿尔勒镇教堂之前，曾经在一个罗马的教堂里放置过，而那个教堂的旁边一定会有一个泉水井。泉水井里的泉水一定会渗透到"圣物"上，这样就使得"圣物"有了出水的神奇功能。

　　当然，要想最后解开阿尔勒镇教堂石棺之谜，还得需要科学技术进一步发展。现在，阿尔勒镇的人们还是像以前一样，每年只要一到 7 月 30 日这天，都会来到教堂，举行传统的纪念仪式，然后排着队，到石棺前边去领取"圣水"，希望它能够给家人带来吉祥和幸福。

极光和地光

南极极光

极光，是地球南北极特有的自然现象，多发生在高纬度地区，所以如俄罗斯、挪威、加拿大北部平均每年上百次看到极光。极光，一般在地球极地的天幕上辉映着各种色彩的光弧。它很像探照灯的光芒划破夜空，有的像条条彩带随风飘舞，有的像一湖月光，有的像珠宝晶莹闪亮。而光弧的颜色也是有红有绿，有蓝有紫，有明有暗，构成一幅十分美丽的自然图景。

在我国东北地区，由于离北极不远，有时也可以看到极光，如 1957 年 3 月，我国东北边境的漠河和呼玛城一带，就看到几十年少见的极光。这天晚上，只见一团红灿灿的霞光突然腾空而起，眨眼间变成一条瑰丽的弧形光带。从黑龙江上空一直向南延伸。在夜空停留时间达 45 分钟，把我国东北地区映得一片通红。1959 年 7 月，在我国北纬 40 度以上地区也出现过一次瑰丽的极光，从晚上 10 点一直到凌晨 2

拓展阅读

爱斯基摩人

　　爱斯基摩人是北极地区的土著民族，自称因纽特人，分布在从西伯利亚、阿拉斯加到格陵兰的北极圈内外。爱斯基摩人属蒙古人种北极类型，先后创制了用拉丁字母和斯拉夫字母拼写的文字。他们主要从事陆地或海上狩猎，辅以捕鱼和驯鹿。

点 34 分，极光一直在天空。

极光，自古以来人们就已经注意到。在古代，爱斯基摩人就猜想极光是鬼神引导死者灵魂升入天堂特地点燃的火炬，这当然是没有科学道理的。

对极光的研究，是比较晚的。因为它主要发生在北极、南极以及周围地区，加上光只能观测，不能收集，所以，在古代是难以进行研究的。极光是怎样形成的呢？极光之源在哪里？一般认为，极光的形成与太阳活动、地球磁场以及高空天气都有关系。太阳，是一个庞大的炽热的星球，并不平静，太阳里面不断发生热核聚变反应，释放出大量的能量。太阳活动的结果，向宇宙空间喷射出大量的带电粒子。这些带电粒子像来自太阳的一阵大风（太阳风），冲进地球外围的大气层。由于地磁场的作用，使它们集中到地球的南极和北极上空。大气中的各种气体分子受到这些带电粒子的激发，便产生发光现象，这就是极光。但是，把极光说成是太阳风造成的，并不那么确切。因为太阳风总是在不断地刮，按理说极光也应该不断发生，事实上极光又不是经常发生。这又是为什么？这样说来，极光的形成仍是一个没有研究清楚的问题。

知识小链接

核聚变

核聚变是指由质量小的原子，主要是指氘或氚，在一定条件下（如超高温和高压），发生原子核互相聚合作用，生成新的质量更重的原子核，并伴随着巨大的能量释放的一种核反应形式。

地光，是在地震前的一段时间里发生的闪光现象。例如 1975 年 2 月 4 日，在我国辽宁海城地区发生 7.3 级地震。就在这天晚上，海城地区上空弥漫着大雾，能见度很低，公路上的汽车只有打开灯才能勉强行驶。当发生地震时，出现了强烈的地光，使整个天空都变亮了。地光，是地震前的征兆。因此，可以根据地光预报地震。

在我国古代就有地光的记载，但是，没有揭示地光的成因。也是到近现代，才对地光进行比较仔细的研究，并提出了多种解释。一种认为地光的产生与大气圈、岩石圈和水圈都有关系。地震过程，是地球释放能量的过程。由于地球不停地转动，促使地壳中的岩石发生变形。与此同时，岩层也产生出一种反抗变形的力，叫地应力。随着岩层变形，地应力不断增加，当这些渐变积累到一定程度后，岩石突然破裂和错动，释放出大量能量形成地震波。地震波有高频波和低频波之分。这些波很可能是形成地光的一个原因。也有学者认为，地壳中的岩石在具有较高电阻率的情况下，地震波会使岩石产生高压电场，从而使空气发光。也有人认为，深层地下水的流动，也可能使大地产生电流而引起地光的发生。

总之，地光是如何形成的？它与地震有什么内在联系，还是一个谜。